Marie Clesse

# Zuckersüß!
## Amigurumis häkeln

EIN BUCH DER
EDITION MICHAEL FISCHER

# Einleitung

Seit ich mit dem Häkeln angefangen habe, macht es mich süchtig und es vergeht kaum ein Tag, an dem ich nicht häkle. Ich mag es, meine Häkelsachen überall mit hinnehmen zu können und schöne viele Dinge aus nur wenigen Grundtechniken zu kreieren.

Dieses Buch ist im Reich von So Croch', meinem wunderbaren Häkel-Universum, entstanden. Tiere und Pflanzen sind meine größte Inspirationsquelle. Hier stelle ich zehn meiner Tiere und drei meiner Pflanzen zum Nachhäkeln vor. Diese 13 Modelle habe ich mit sehr ausführlichen Erklärungen extra für Anfänger konzipiert. Aber auch Liebhaber von Amigurumis können hier neue Herausforderungen finden. Ich habe verschiedene Formen und Techniken zusammengestellt, und wenn auch manche Modelle sehr leicht umzusetzen sind, so erfordern andere doch etwas mehr Konzentration.

Ich wünsche Ihnen genauso viel Spaß beim Häkeln, wie ich beim Erschaffen der Häkeltiere und -pflanzen hatte.

Marie

# Inhalt

◆ S. 8

Material
◆ S. 26

Techniken
◆ S. 27

Charlotte, das Einhorn
◆ S. 32

Lizzie, der Schwan
◆ S. 35

Harry, der Clownfisch
◆ S. 38

Jamie, der Flamingo
◆ S. 40

Katie, die Krake
◆ S. 43

Camille, der Narwal
◆ S. 45

Georgie, der Elefant
◆ S. 47

Diana, die Giraffe
◆ S. 50

Willy, der Fuchs
◆ S. 53

Louis, der Tukan
◆ S. 55

Sukkulente Echeveria
◆ S. 58

Erbsenpflanze
◆ S. 60

Mexikanischer Kaktus
◆ S. 62

Danksagung
◆ S. 64

# Charlotte, das Einhorn und Lizzie, der Schwan

Seite 32 und 35

# Harry, der Clownfisch

Seite 38

# Jamie, der Flamingo

Seite 40

# Katie, die Krake und Camille, der Narwal

Seite 43 und 45

# Georgie, der Elefant

Seite 47

# Diana, die Giraffe

Seite 50

# Willy, der Fuchs

→ Seite 53

# Louis, der Tukan

Seite 55

# Sukkulenten und Kaktus

Seite 58, 60 und 62

# Material

### WOLLE
Die Modelle in diesem Buch wurden mit hochwertiger Wolle gehäkelt. Dabei wird immer die Wollqualität angegeben, aber man kann natürlich auch andere Wolle verwenden, auch dünnere oder dickere. Tendenziell sollte man immer mit einer dünneren Nadel als für die Wolle empfohlen häkeln, damit zwischen den Maschen keine Löcher entstehen.

### HÄKELNADELN
Die Modelle in diesem Buch wurden mit drei unterschiedlichen Häkelnadeln gehäkelt, und zwar mit Nadeln der Stärken 2,5 mm, 3,0 mm und 3,5 mm. Ich häkle immer mit kleinen Nadeln und ziemlich fest. Wenn ein Modell in einer anderen Größe gehäkelt werden soll, kann man auch dickere Wolle und entsprechend größere Nadeln verwenden, sodass das Amigurumi größer und lockerer wird.

### FÜLLMATERIAL
Ich nehme Füllmaterial aus Polyester, das mit einem Schutz gegen Milben ausgestattet ist. Man kann es leicht im Internet kaufen, in Packungen mit 300 g, 500 g oder 1 kg. Aber man findet es auch in Kurzwaren- oder Stoffgeschäften. Alternativ kann man auch ein altes Kopfkissen ausschlachten! Die Menge für die einzelnen Modelle ist schwer anzugeben, denn es kommt auch darauf an, ob die Tiere oder Pflanzen fest ausgestopft werden sollen oder eher weniger. Mit einer 550-g-Packung kann man aber schon mehrere Amigurumis füllen.

### SICHERHEITSAUGEN
Die Größe wird für jedes Modell gesondert angegeben (zwischen 8 und 12 mm). Diese Kunststoffaugen werden jeweils mit einer Unterlegscheibe geliefert, in die der auf der Rückseite des Auges befindliche Stift eingesteckt wird, sodass es sich dann nicht mehr lösen kann. Ersatzweise kann man auch schwarze Perlen verwenden oder die Augen mit einem schwarzen Garn aufsticken. Letzteres empfiehlt sich besonders, wenn die Amigurumis für Kinder unter drei Jahren gedacht sind.

### SCHWARZES STICKGARN
Ich verwende ein qualitativ hochwertiges Perlgarn in Größe 8.

### NADELN
- Wollnadel und dünnere Nadel zum Sticken.
- Sehr nützlich finde ich auch eine 9 cm lange, spitze Nadel, mit der man die Fäden durch die Füllung hindurchziehen oder die Details für ein Gesicht aufsticken kann.

### WEITERE MATERIALIEN
- Stecknadeln zum Feststecken der Einzelteile vor dem Zusammennähen.
- Maschenmarkierer: Für einige Modelle braucht man 5 Maschenmarkierer. Alternativ kann man auch eine kleine Sicherheitsnadel, eine Büroklammer oder einen kurzen Faden in die zu markierende Masche hängen.
- Schere
- Kleine Bastelzange
- Rosa Schminke für die Wangen.

# Techniken

### WICHTIGE MASCHEN

**Luftmaschenkette**

**1.** Anfangsschlinge: Den Faden um die Häkelnadel legen, mit der Nadel holen und durch die Schlinge ziehen. Diese Anfangsschlinge wird nicht als Masche gezählt.

**2.** Für eine Luftmasche mit dem Faden einen Umschlag um die Häkelnadel legen (den Faden von hinten nach vorne darumlegen) und durch die Schlinge auf der Nadel ziehen.

**3.** Den zweiten Schritt wiederholen, bis die gewünschte Maschenzahl entstanden ist. Die Schlinge auf der Nadel wird nie als Masche gezählt.

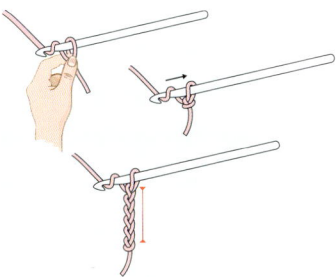

**Kettmasche**

**1.** Mit der Nadel in die Masche einstechen.

**2.** Einen Umschlag um die Nadel legen und den Faden durch den Umschlag und zugleich durch Masche ziehen. Auf der Nadel liegt dann noch eine Schlinge.

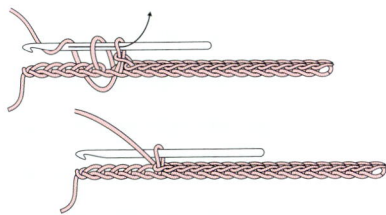

**Feste Masche**

**1.** Mit der Nadel in die Masche einstechen.

**2.** Einen Umschlag um die Nadel legen und den Faden durch den Umschlag ziehen. Auf der Nadel liegen noch zwei Schlingen.

**3.** Jetzt noch einen Umschlag um die Nadel legen und den Faden durch beiden Schlingen ziehen, sodass dann eine Schlinge auf der Nadel liegt.

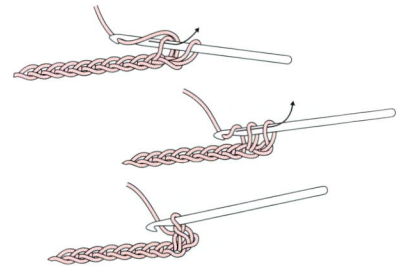

**Halbes Stäbchen**

**1.** Einen Umschlag um die Nadel legen, dann in die gekennzeichnete Masche einstechen.

**2.** Noch einen Umschlag um die Nadel legen und durch die Masche holen. Jetzt liegen drei Schlingen auf der Nadel.

**3.** Erneut einen Umschlag um die Nadel legen und durch alle drei Schlingen holen. Jetzt liegt eine Schlinge auf der Nadel.

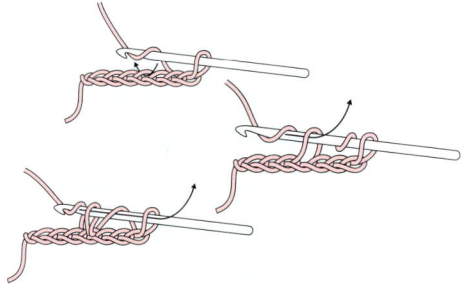

### Ganzes Stäbchen

**1.** Einen Umschlag um die Nadel legen, dann in die gekennzeichnete Masche einstechen.

**2.** Noch einen Umschlag um die Nadel legen und den Faden durch eine Masche ziehen. Jetzt liegen drei Schlingen auf der Nadel.

**3.** Nochmals einen Umschlag um die Nadel legen und den Faden durch zwei Schlingen holen. Jetzt liegen zwei Schlingen auf der Nadel.

**4.** Nochmals einen Umschlag um die Nadel legen und den Faden durch die beiden Schlingen holen. Jetzt liegt eine Schlinge auf der Nadel.

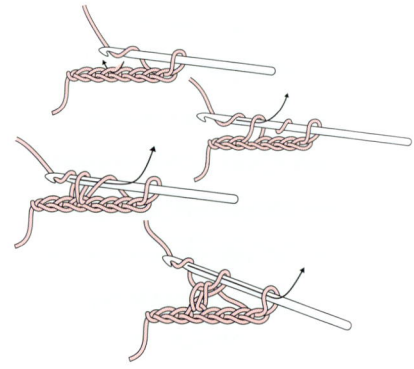

### Doppelstäbchen

**1.** Zwei Umschläge um die Nadel legen, dann in die gekennzeichnete Masche einstechen.

**2.** Nochmals einen Umschlag um die Nadel legen und den Faden durch die Masche ziehen. Jetzt liegen vier Schlingen auf der Nadel.

**3.** Nochmals einen Umschlag um die Nadel legen und den Faden durch zwei Schlingen holen. Jetzt liegen drei Schlingen auf der Nadel.

**4.** Nochmals einen Umschlag um die Nadel legen und den Faden durch zwei Schlingen holen. Jetzt liegen zwei Schlingen auf der Nadel.

**5.** Zum letzten Mal einen Umschlag um die Nadel legen und den Faden durch beide Schlingen holen. Jetzt liegt eine Schlinge auf der Nadel.

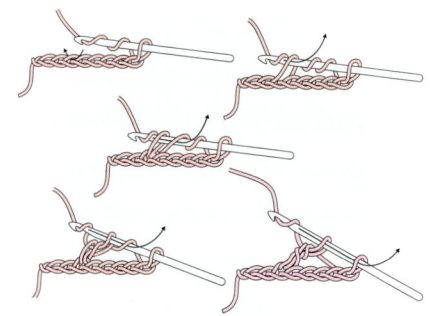

### WO IST DIE EINSTICHSTELLE?

Wenn nicht anders angegeben, wird mit der Nadel immer von vorne nach hinten in die Arbeit eingestochen.

**In einer Luftmaschenkette**
Mit der Nadel in das obere Glied der Kette einstechen. Am Ende die Arbeit wenden, wenn in Reihen gehäkelt wird, oder die Kette zu eixner Runde schließen. Dann in die unteren Maschenglieder der Kette häkeln.

**In die Maschen der Vorrunde**
Eine gehäkelte Masche besteht aus zwei Maschengliedern, die ein horizontales V bilden. Wenn nicht anders erklärt, wird immer in beide Maschenglieder zugleich eingestochen.

**In das vordere Maschenglied**
Dabei wird nur in das vordere Maschenglied eingestochen, das außen an der Arbeit liegt.

**In das hintere Maschenglied**
In diesem Fall in nur in das hintere Maschenglied einstechen, das zum Inneren der Arbeit zeigt.

**In Reihen häkeln**
Eine Häkelarbeit, die in Reihen gehäkelt wird, beginnt immer mit einer Luftmaschenkette. Von rechts nach links häkeln, dabei die Arbeit am Ende einer Reihe wenden (im Uhrzeigersinn). Die letzte gehäkelte Masche ist zugleich die erste der Folgereihe. Wird in Reihen gehäkelt, muss am Anfang jeder Reihe eine oder auch mehrere Luftmaschen gehäkelt werden, je nach Höhe der Maschen (das wird bei den Modellen jeweils angegeben).

### In Runden häkeln

Die Amigurumis werden meist in Runden gehäkelt. Dabei wird nicht gewendet. Am Anfang wird ein Magic Ring (oder eine Luftmaschenkette) angelegt, dann kann in Spiralrunden gehäkelt werden oder auch in geschlossenen Runden, die jeweils mit einer Kettmasche beendet werden.

### Magic Ring

Damit wird die erste Runde angelegt, sodass in der Mitte der Arbeit kein Loch entsteht. Das Ende des Fadens zwischen Daumen und Zeigefinger der linken Hand halten. Den Faden einmal um den Zeigefinger herum zu einer Schlinge legen. Den vom Wollknäuel kommenden Arbeitsfaden zwischen Mittel- und Ringfinger spannen. Mit der Häkelnadel unter der um den Zeigefinger gelegten Schlinge einstechen (zwischen Faden und der Unterseite des Fingers) und den vom Knäuel kommenden Faden durchholen. Eine Luftmasche häkeln. Nun ist der Magic Ring fertig. Von nun an die angegebene Maschenzahl in den zuvor gebildeten Ring häkeln. Zum Schluss am Fadenende ziehen und so den Ring sichern. Falls nötig, den Faden sichern, indem eine zweite Runde Maschen gehäkelt wird.

### Spiralrunden häkeln

Dabei wird ständig weitergehäkelt, ohne die Runden zu beenden.
Am Ende einer Runde einfach weiter in die nächste Masche häkeln, dies ist die erste Masche der gerade beendeten Runde.
Hierbei muss unbedingt ein Maschenmarkierer benutzt werden, damit man sich in der Arbeit zurechtfindet. Den Markierer auf die erste Masche jeder Runde setzen. Bei der letzten Masche einer Runde den Markierer herausnehmen, die erste Masche der folgenden Runde häkeln und den Markierer unter diese Masche setzen.

### Geschlossene Runden häkeln

Bei dieser Technik wird jede Runde beendet, bevor eine neue gehäkelt wird. Dafür nach der letzten Masche einer Runde eine Kettmasche in die erste Masche der Runde häkeln. Diese Masche beendet die Runde und wird nicht als Masche einer Runde mitgezählt. Vor Beginn einer neuen Runde zuerst so viele Luftmaschen häkeln, wie es der Maschenart entspricht, die in dieser Runde gehäkelt werden soll, damit die entsprechende Höhe erreicht wird, also eine Luftmasche für feste Maschen, zwei für halbe Stäbchen, drei für Stäbchen etc. Diese Luftmaschen zählen bei der Maschenzahl einer Runde nicht mit.

Dann die erste Masche der neuen Runde in die erste Masche der vorherigen Runde häkeln (dieselbe, in die zuvor die Kettmasche gehäkelt wurde). Zwar ist es leichter, sich in der Arbeit zurechtzufinden, wenn geschlossene Runden gehäkelt werden, dennoch empfehle ich auch hier, die erste Masche zu markieren.

### ZUNAHMEN

Dabei muss man ganz einfach aus einer Masche der vorherigen Reihe oder Runde zwei Maschen machen. Die Amigurumis werden vornehmlich mit festen Maschen gehäkelt. Daher bedeutet die Abkürzung „zun", dass zwei feste Maschen in eine gehäkelt werden sollen.

Es kommt aber auch vor, dass man mit einer anderen Maschenart zunehmen muss. In diesem Fall wird zum Beispiel „zwei halbe Stäbchen in eine Masche häkeln" angegeben. Ebenso kann es sein, dass „drei feste Maschen in eine Masche" gehäkelt werden sollen. Wenn man strikt der Anleitung folgt, erzielt man das gewünschte Ergebnis.

### ABNAHMEN

Dabei werden zwei Maschen zusammengehäkelt, damit daraus eine entsteht. Ich häkele immer unsichtbare Zunahmen.
Die Abkürzung „abn" bedeutet, dass man zwei feste Maschen zusammenhäkeln soll. Dafür wird die Häkelnadel nur in das vordere Maschenglied der ersten Masche und dann direkt in das vordere Maschenglied der nächsten Masche eingestochen und eine Kettmasche gehäkelt.
Bei einer Abnahme mit halben Stäbchen geht

man genauso vor: Den Faden wie bei einem normalen halben Stäbchen um die Nadel legen, dann in das vordere Maschenglied der ersten Masche und direkt in das vordere Maschenglied der nächsten Masche einstechen. Den Faden noch einmal um die Nadel legen und durch beide vordere Maschenglieder holen. Dann den Faden noch einmal um die Nadel legen und durch die drei Schlingen auf der Häkelnadel holen.

### FARBWECHSEL

Für das gewünschte Ergebnis muss der Farbwechsel genau an der beschriebenen Stelle durchgeführt werden. Damit er aber gut gelingt, muss man ihn schon an der Masche davor durchführen!

Dafür bei der letzten Masche vor dem Farbwechsel wie folgt vorgehen:
- Mit einer normalen festen Masche beginnen und mit der Häkelnadel den Faden durch die Masche ziehen, sodass zwei Schlingen auf der Nadel liegen.
- In diesem Moment den neuen Faden in einer anderen Farbe aufnehmen und durch beide Schlingen auf der Nadel ziehen. Jetzt hat man eine Schlinge in der neuen Farbe auf der Häkelnadel. In dieser neuen Farbe weiterhäkeln und den alten Faden auf der Rückseite mit dem neuen verknoten. Bei einigen Modellen in diesem Buch kommen häufige Farbwechsel vor. Das bedeutet, dass man auf der Rückseite der Häkelarbeit viele Fäden mitführen muss. In diesem Fall wende ich eine andere Technik an.
- Wenn nur wenige Maschen in einer anderen Farbe gehäkelt werden müssen (zum Beispiel der Schnabel des Tukans) und dann wieder mit der Ursprungsfarbe gearbeitet wird, schneide ich den Faden der Ursprungsfarbe nicht ab. Ich verstecke ihn in den Maschen der neuen Farbe, das heißt, dass ich diesen Faden auf die Maschen lege, die ich gerade häkle, und dabei normal weiterarbeite, wobei dieser Faden im Inneren der Maschen eingeklemmt wird.
- Wenn ich die Farbe wechseln muss, um einen größeren Abschnitt mit einer neuen Farbe zu häkeln, verknote ich die beiden Fäden auf der Rückseite der Arbeit und schneide sie ab. Wenn man größere Strecken und mehrere Runden über einen anderen Faden häkelt, wird die Arbeit an dieser Stelle sichtbar dicker. Diese zweite Technik empfehle ich zum Beispiel bei den Farbwechseln am Körper des Tukans.

### DIE ARBEIT BEENDEN

Ein sauberer Abschluss ist für ein hübsches Endergebnis sehr wichtig. Im Folgenden wird beschrieben, wie die Fäden gesichert und die Amigurimi ausgearbeitet werden.

**Den Faden unsichtbar vernähen**
Beim Häkeln von Spiralrunden entsteht eine Art Treppe und die Runden sind nicht deutlich voneinander getrennt. Um diesen Effekt am Ende abzuschwächen, wird in der Anleitung erklärt, dass man die Arbeit mit einer Kettmasche beenden soll. Den Faden lang abschneiden und in eine Nähnadel fädeln. Die nächste Masche überspringen und die Nadel von innen nach außen unter den beiden nächsten Maschengliedern hindurchführen. Dann unter dem hinteren Maschenglied der Kettmasche, dabei nach innen arbeiten. Den Faden verknoten. Mit dieser Technik werden die Maschenglieder der übersprungenen Masche nachgeahmt. So entsteht ein schönes Ergebnis, ohne die Maschenzahl zu verändern.

**Die Arbeit schließen**
Nach der letzten Masche den Faden lang abschneiden. In eine Nähnadel einfädeln und den Faden von innen nach außen unter dem vorderen Maschenglied der nächsten Masche hindurchführen. Dies bei allen Maschen der letzten Runde wiederholen. Dann den Faden anziehen, um die Öffnung zu schließen. Anschließend den Faden durch das Loch in der Mitte auf die andere Seite ziehen. Darauf achten, dass der Faden stark genug gespannt wird, damit das Loch geschlossen wird, aber nicht zu stark, ansonsten verzieht sich die Arbeit. Den Faden etwa ein- bis zweimal zum Vernähen unter den Maschen führen und anschließend knapp abschneiden.

## ZUSAMMENFÜGEN

### Zwei offene Teile aneinandernähen
Haben die letzten Runden von zwei Häkelteilen dieselbe Maschenzahl, den Faden einfach durch eine Masche des Körpers (von innen nach außen), dann durch eine Masche des Kopfes (von außen nach innen) führen. Nach ein paar Stichen kontrollieren, ob Kopf und Körper genau aneinanderliegen, und falls nötig, noch einmal von vorn beginnen und dabei den ersten Stich neu ansetzen. Nach dem letzten Stich den Faden vernähen und dann knapp abschneiden.

### Ein offenes Teil an ein geschlossenes nähen
Das anzunähende Teil fest an die gewünschte Stelle stecken. Alle Maschen der letzten Runde müssen festgenäht werden, damit das Häkelstück am Ende schön aussieht. Die Nähnadel unter einen Faden des geschlossenen Teils hindurchführen, dann von innen nach außen unter zwei Maschengliedern einer Masche der letzten Runde. Diesen Vorgang wiederholen, bis alle Maschen angenäht sind. Vor den letzten Stichen das Teil eventuell noch mit weiterem Füllmaterial ausstopfen. Zum Schluss den Faden vernähen und abschneiden.

## WEITERE TECHNIKEN

### Pikot
Für ein Pikot drei Luftmaschen häkeln, dann eine Kettmasche in die erste der drei Luftmaschen.

### Sticken
Bei einigen Modellen werden Details des Gesichts aufgestickt (Mund, Augenbrauen etc.). Wenn man genau weiß, an welcher Stelle sie platziert werden sollen, kann man sie vor dem Ausstopfen sticken und den Faden einfach auf der Rückseite der Arbeit verknoten. Allerdings ist es oft schwierig, die exakte Stelle vor dem Ausstopfen festzulegen. Für das Sticken nach dem Ausstopfen mit einer langen dünnen Nadel zwischen zwei Maschen auf der Rückseite des Kopfes einstechen und gegenüber dieser Stelle auf der Vorderseite ausstechen. Die Elemente sticken, dann den Faden an der Einstichstelle auf der Rückseite herausführen und die Fadenenden verknoten. Den Knoten ins Innere stecken, sodass er nicht zu sehen ist. Mit einer Nadel die Fadenenden in den Kopf stecken und die Enden abschneiden.

### Knötchenstich
Die Nadel mit dem Faden an der gewünschten Stelle ausstechen. Den Faden je nach gewünschtem Effekt zwei-, dreimal um die Nadel wickeln, mit der Nadel direkt neben der Ausstichstelle einstechen, wo der Knötchenstich entstehen soll. Den Faden vorsichtig auf die Rückseite ziehen. Dabei entsteht auf der Vorderseite ein kleines Knötchen. Am besten übt man diesen Stich auf Stoff, bevor man das Amigurumi damit bestickt.

## ABKÜRZUNGEN

**abn** = abnehmen
**DStb** = Doppelstäbchen
**fM** = feste Masche(n)
**hStb** = halbe(s) Stäbchen
**Km** = Kettmasche(n)
**LL** = Lauflänge
**Lm** = Luftmasche(n)
**M** = Masche(n)
**R** = Reihe(n)
**Rd** = Runde(n)
**Stb** = Stäbchen
**wdh** = wiederholen
**zun** = zunehmen
**zus** = zusammen

## TIPPS

Die Maschen nicht zu fest häkeln, damit die Nadel leicht hindurchgeführt werden kann und die Spannung gleich bleibt. Am besten etwas üben, bevor mit dem ersten Modell begonnen wird.

Die Anleitungen vor Arbeitsbeginn vollständig durchlesen, damit Sie sicher sein können, alles richtig verstanden und keine wichtige Information übersehen zu haben.

**Achtung!** Die Modelle in diesem Buch enthalten Kleinteile, die für Kinder unter drei Jahren nicht geeignet sind.

# Charlotte, das Einhorn

⏱ 6 Std.
📷 S. 8

**Maße**
Höhe: 15 cm (ohne Horn)
Länge: 10 cm

**Infos**
Alle Teile werden in Spiral-Rd gehäkelt. Kopf und Körper bestehen aus 1 Teil.

**Material**
› Häkelnadel 3,0 mm
› 2 Sicherheitsaugen, ø 10 mm
› Baumwollgarn (100 % Baumwolle, LL 50 g/75 m), 45 g in Weiß, 15 g in Mint, Rest in Rosa
› Metallicgarn (60 % Viskose, 40 % Polyester, LL 20 g/150 m), 7 g in Gold (etwa 50 m)
› Perlgarn Gr. 8 (100 % Baumwolle), Rest in Schwarz

### OHREN 2×
In Weiß häkeln.
**1. Rd:** 4 fM in einen Magic Ring (= 4 M).
**2. Rd:** 4 M zun (= 8 M).
**3. Rd:** 4x (1 fM, 1 M zun) (= 12 M).
**4. und 5. Rd:** 12 fM (= 12 M).
**6. Rd:** 2x (1fM, 1 M abn, 1 fM), 1 fM, 1 M abn, 1 Km (= 9 M).
Zum Festnähen den Faden 25 cm lang abschneiden. Das Ohr flach drücken und in Rosa das Motiv auf die Vorderseite sticken:

### HORN
In Weiß häkeln. Beim Horn stets in das **hintere M-Glied** einstechen. Fest ausstopfen. Dafür ab der 2. Rd mit dem Ausstopfen beginnen und nach und nach Füllmaterial hinzufügen.
**1. Rd:** 4 fM in einen Magic Ring (= 4 M).
**2. Rd:** 1 M zun, 3 fM (= 5 M).
**3. Rd:** 2 fM, 1 M zun, 2 fM (= 6 M).
**4. Rd:** 5 fM, 1 M zun (=7 M).
**5. Rd:** 7 fM (= 7 M).
**6. Rd:** 3 fM, 1 M zun, 3 fM (= 8 M).
**7. Rd:** 3 fM, 1 Km in die 2 M-Glieder der M. Die letzten 5 M nicht häkeln (= 8 M).
Zum Festnähen den Faden 25 cm lang abschneiden.

Mit einem goldenen Metallicfaden das Horn mit einem spiralförmigen Muster verzieren, dafür immer in die vorderen M-Glieder einstechen: Die Nd von unten nach oben in die vorderen M-Glieder führen, dabei hinten beginnen. Dann die Enden des Fadens verknoten und in die Füllung stecken.

### ARM 2×
In Gold häkeln. Dafür den Faden vierfach nehmen, damit dieselbe Stärke wie mit dem Baumwollgarn erreicht wird. Wenn man nur ein Knäuel Metallicgarn hat, davon 4 Fäden zu je 1,30 m für jeden Arm abschneiden und diese mit einer Häkel-Nd 3,0 mm in fM häkeln. Die Arme nicht ausstopfen.
**1. Rd:** 6 fM in einen Magic Ring (= 6 M).
**2. Rd:** 2x (1 M zun, 2 fM) (= 8 M).
**3. Rd:** 8 fM (= 8 M).
In Weiß weiterhäkeln.
**4. Rd:** 8 fM (= 8M).
**5. Rd:** 6 fM, 1 M abn (= 7 M).
**6. Rd:** 7 fM (= 7 M).
**7. Rd:** 5 fM, 1 M abn (= 6 M).
**8. Rd:** 6 fM (= 6 M).
**9. Rd:** 4 fM, 1 M abn (= 5 M).
**10. Rd:** 1 Km. Die letzten M nicht häkeln (= 5 M).
Zum Festnähen den Faden 25 cm lang abschneiden.

## BEINE 2×

In Gold häkeln. Dafür den Faden vierfach nehmen, damit dieselbe Stärke wie mit dem Baumwollgarn erreicht wird. Wenn man nur ein Knäuel vom Metallicgarn hat, davon 4 Fäden zu je 1,80 m für jedes Bein abschneiden und diese mit einer Häkel-Nd 3,0 mm in fM häkeln.
**1. Rd:** 6 fM in einen Magic Ring (= 6 M).
**2. Rd:** 6 M zun (= 12 M).
**3. Rd:** 6x (1 fM, 1 M zun) (= 18 M).
**4. Rd:** 18 fM (= 18 M).
**5. Rd:** 5 fM, 3x (1 M abn, 1 fM), 4 fM (= 15 M).
**6. Rd:** 15 fM (= 15 M).
**7. Rd:** 4 fM, 3 M abn, 5 fM (= 12 M).
**8. Rd:** 4x (1 fM, 1 M abn) (= 8 M).
**9. Rd:** 8 fM (= 8 M).
**10. Rd:** 7 fM, 1 Km (= 8 M).
Zum Festnähen den Faden 25 cm lang abschneiden.

## MÄHNE

In Mint häkeln. Die Mähne nach Belieben mit wenig Füllmaterial ausstopfen.
**1. Rd:** 1 Lm-Kette mit 4 Lm häkeln, 1 fM in die 2. M, 1 fM, 3 fM in die nächste M, dann auf der anderen Seite der Lm-Kette 1 fM und 1 M zun (= 8 M).
**2. Rd:** 1 fM, 1 M zun, 6 fM (= 9 M).
**3. Rd:** 9 fM (= 9 M).
**4. Rd:** 1 M zun, 3 fM, 1 M zun, 4 fM (= 11 M).
**5.–21. Rd:** 11 fM (= 11 M).
**22. Rd:** 3 fM, 1 M abn, 3 fM, 1 M abn, 1 fM (= 9 M).
**23. Rd:** 2 fM, 1 M abn, 3 fM, 1 M abn (= 7 M).
**24. Rd:** 2 fM, 1 M abn, 1 fM, 1 M abn (= 5 M).
Die Mähne schließen und zum Festnähen den Faden 50 cm lang abschneiden.

## SCHWANZ

In Mint häkeln.
**1. Rd:** 4 fM in einen Magic Ring (= 4 M).
**2. Rd:** 1 fM, 2 M zun, 1 fM (= 6 M).
**3. Rd:** 2 fM, 2 M zun, 2 fM (= 8 M).
**4. Rd:** 3 fM, 2 M zun, 3 fM (= 10 M).
**5. Rd:** 1 M abn, 1 fM, 4 M zun, 1 fM, 1 M abn (= 12 M).
**6. Rd:** 12 fM (= 12 M).
**7. Rd:** 2 M zun, 8 fM, 2 M zun (= 16 M).
**8. Rd:** 1 M zun, 14 fM, 1 M zun (= 18 M).
**9.–10. Rd:** 18 fM (= 18 M).
**11. Rd:** 6x (1 fM, 1 M abn) (= 12 M).
Den Schwanz ausstopfen.
**12. Rd:** 6 M abn (= 6 M).
**13. Rd:** 1 Km. Die letzten M nicht häkeln (= 6 M).
Nochmals mit Füllmaterial ausstopfen. Zum Festnähen den Faden 25 cm lang abschneiden.

## KOPF UND KÖRPER

In Weiß häkeln.
**1. Rd:** 6 fM in einen Magic Ring (= 6 M).
**2. Rd:** 6 M zun (= 12 M).
**3. Rd:** 6x (1 fM, 1 M zun) (= 18 M).
**4. Rd:** 6x (1 fM, 1 M zun, 1 fM) (= 24 M).
**5. Rd:** 6x (3 fM, 1 M zun) (= 30 M).
**6. Rd:** 6x (2 fM, 1 M zun, 2 fM) (= 36 M).
**7. Rd:** 6x (5 fM, 1 M zun) (= 42 M).
**8.–13. Rd:** 42 fM (= 42 M).
1 Lm-Kette mit 6 Lm häkeln. Die folgende M markieren.

### Schnauze

**14a. Rd:** 9 M überspringen (dabei von der markierten M an zählen) und 1 fM in die 10. M häkeln. Diese fM als 1. M der Rd markieren. Die Arbeit zweiteilen und erst eine, dann die andere Hälfte häkeln. Die beiden Markierer kennzeichnen für jede Hälfte die 1. M der Rd. Weiterhäkeln mit 32 fM, 6 fM in das hintere M-Glied der Lm-Kette (= 39 M).
**15a. Rd:** 1 M abn, 29 fM, 2x (1 M abn, 2 fM) (= 36 M).
Zwischen der 13. und 14. Rd die Augen in die 11. und 23. M stecken (von der 1. M der Hälfte,

die gerade gehäkelt wird, aus zählen). Bevor die Augen auf der Rückseite befestigt werden, jeweils 3 Wimpern darüber aufsticken. Das ist einfacher, als die Wimpern mit den befestigten Augen zu sticken.
Die 1. Wimper senkrecht sticken, dabei in die M 2 Rd über dem Auge einstechen. Dann die 2. Wimper in die M daneben sticken und 1 Rd darunter und 1 M daneben die 3. Wimper sticken.
**16a. Rd:** 1 M abn, 27 fM, 1 M abn, 5 fM (= 34 M).
**17a. Rd:** 1 fM, 1 M abn, 22 fM, 3x (1 fM, 1 M abn) (= 30 M).
Mit dem Ausstopfen des Kopfes beginnen, dann nach und nach weiteres Füllmaterial nachstopfen. In Gold weiterarbeiten. Dafür den Faden vierfach nehmen, damit dieselbe Stärke wie mit dem Baumwollgarn erreicht wird. Wenn man nur ein Knäuel Metallicgarn hat, davon 4 Fäden zu je 5 m abschneiden und diese mit einer Häkel-Nd 3,0 mm in fM häkeln.
**18a. Rd:** 30 fM (= 30 M).
**19a. Rd:** 3x (8 fM, 1 M abn) (= 27 M).
**20a. Rd:** 3x (3 fM, 1 M abn, 4 fM) (= 24 M).
**21a. Rd:** 6x (1 fM, 1 M abn, 1 fM) (= 18 M).
**22a. Rd:** 6x (1 fM, 1 M abn) (= 12 M).
**23a. Rd:** 6 M abn (= 6 M).
Die Schnauze schließen, die Fäden festziehen und vernähen.

### Hals und Körper
An der markierten M nach der 13. Rd weiterhäkeln.
**14b. Rd:** 1 weißen Faden durch diese M ziehen, 1 Lm, 1 fM in die M häkeln, 8 fM, 6 fM auf der anderen Seite der Lm-Kette (vordere M-Glieder) (= 15 M).
**15b. Rd:** 10 fM, 2x (1 M zun, 1 fM), 1 M zun (= 18 M).
**16b. Rd:** 9 fM, 3x (1 fM, 1 M zun, 1 fM) (= 21 M).
**17b. Rd:** 3x (1 M zun, 6 fM) (= 24 M).
**18b. Rd:** 3x (4 fM, 1 M zun, 3 fM) (= 27 M).
**19b. Rd:** 3x (1 M zun, 8 fM) (= 30 M).
**20b. Rd:** 3x (7 fM, 1 M zun, 2 fM) (= 33 M).
**21b. Rd:** 3x (2 fM, 1 M zun, 8 fM) (= 36 M).
**22b.–26. Rd:** 36 fM (= 36 M).
**27. Rd:** 6x (2 fM, 1 M abn, 2 fM) (= 30 M).
Mit dem Ausstopfen des Körpers beginnen, dann nach und nach weiteres Füllmaterial nachstopfen.
**28. Rd:** 10x (1 fM, 1 M abn) (= 20 M).
**29. Rd:** 10 M abn (= 10 M).
**30. Rd:** 5 M abn (= 5 M).
Den Körper schließen, die Fäden festziehen und vernähen.

### ZUSAMMENSETZEN
Die Körperteile wie folgt zusammensetzen.
Das rechte Ohr mit der äußeren Kante 2 M neben und 5 Rd über dem Auge, mit der anderen Kante 1 Rd darüber platzieren.
Das linke Ohr mit der äußeren Kante 1 M neben und 5 Rd über dem Auge, mit der anderen Kante 1 Rd darüber platzieren.
Das Horn über der 8. und 9. Rd zwischen den Ohren annähen.
Die Mähne rundum annähen, das obere Ende (der gehäkelte Abschnitt) hinter dem Horn platzieren. Das untere Ende sollte am Nacken enden. Die Mähne etwas flach drücken und mit Stecknadeln fixieren.
Mit rosa Wolle für die Wangen 2 kleine Linien unter die Augen sticken.

Die Arme auf beiden Körperseiten 3 Rd unter der Trennung zwischen Kopf und Körper annähen.
Die Beine auf beiden Körperseiten 7 Rd unter den Armen auf derselben Höhe annähen. Mit einem zusätzlichen Stich fixieren, damit sie eng am Körper anliegen.
Mit rosa Wolle 1 Rd über den Beinen 1 Kreuz als Bauchnabel in die Bauchmitte sticken.
Zum Schluss auf derselben Höhe wie den Bauchnabel den Schwanz zwischen den Beinen hinten an den Körper nähen.

# Lizzie, der Schwan

⏲ 5 Std. 30
📷 S. 9

## Maße
Höhe: 17 cm einschließlich Krone
Länge: 18 cm vom Schnabel zum Schwanz

## Infos
Alle Teile werden mit einer Häkelnadel 3,5 mm in Spiral-Rd gehäkelt. Nur die Krone wird mit Nd 2,5 mm und mit einer Km am Ende jeder Rd gehäkelt.
Schnabel, Kopf und Körper werden in 1 Stück gearbeitet.

## Material
› Häkelnadel 3,5 mm und 2,5 mm für die Krone
› 2 Sicherheitsaugen, ø 9 mm
› Baumwollmischgarn (55 % Baumwolle, 45 % Acryl, LL 50 g/85 m), 60 g in Weiß, Rest in Blau
› Metallicgarn (60 % Viskose, 40 % Polyester, LL 20 g/150 m), etwa 27 m in Gold
› nach Belieben: weicher weißer Tüll, etwa 50 x 50 cm

## KOPF UND KÖRPER

### Schnabel
In Blau häkeln.
**1. Rd:** 4 fM in einen Magic Ring (= 4 M).
**2. Rd:** 2x (1 M zun, 1 fM) (= 6 M).
**3. Rd:** 2 fM, 2 M zun, 2 fM (= 8 M).
**4. Rd:** 3 fM, 2 M zun, 3 fM (= 10 M).
**5. Rd:** 2 fM, 1 M zun, 4 fM, 1 M zun, 2 fM (= 12 M).
**6. Rd:** 4 fM, 4 M zun, 4 fM (= 16 M).
**7. Rd:** 1 M abn, 1 fM, 1 M zun, 8 fM, 1 M zun, 1 fM, 1 M abn (= 16 M).
In Gold häkeln. Dafür den Faden vierfach nehmen, damit dieselbe Stärke wie mit dem Baumwollmischgarn erreicht wird. Man kann dafür vom Knäuel des Metallicgarns 4 Fäden zu je 1,50 m abschneiden; sie werden mit einer Häkel-Nd 3,5 mm in fM gehäkelt.
**8. Rd:** Nur in das **hintere M-Glied** einstechen: 4 fM, 1 M zun, 1 fM, 1 M zun, 2 fM, 1 M zun, 1 fM, 1 M zun, 4 fM (= 20 M).

### Kopf
In Weiß häkeln.
**9. Rd:** Nur in das hintere M-Glied einstechen: 3 fM, 1 M zun, 2 fM, 1 M zun, 6 fM, 1 M zun, 2 fM, 1 M zun, 3 fM (= 24 M).
**10. Rd:** In beide M-Glieder einstechen: 6x (3 fM, 1 M zun) (= 30 M).
Den Schnabel ausstopfen.
**11. Rd:** 6 fM, 6x (1 fM, 1 M zun, 1 fM), 6 fM (= 36 M).
**12.–13. Rd:** 36 fM (= 36 M).
Die Sicherheitsaugen zwischen der 11. und 12. Rd in der 11. und 26. M anbringen.
**14.–16. Rd:** 36 fM (= 36 M).
**17. Rd:** 3x (2 fM, 1 M abn, 8 fM) (= 33 M).
**18. Rd:** 3x (7 fM, 1 M abn, 2 fM) (= 30 M).
**19. Rd:** 1 M abn, 4 fM, 1 M abn, 16 fM, 1 M abn, 4 fM (= 27 M).
Mit dem Ausstopfen des Kopfes beginnen. Nicht zu fest ausstopfen, damit er nicht zu schwer wird.
**20. Rd:** 1 M abn, 3 fM, 1 M abn, 15 fM, 1 M abn, 3 fM (= 24 M).
**21. Rd:** 2x (1 M abn, 1 fM), 3 fM, 1 M abn, 2 fM, 1 M abn, 3 fM, 2x (1 fM, 1 M abn) (= 18 M).
Füllmaterial nachstopfen.
**22. Rd:** 2x (2 M abn, 3 fM), 2 M abn (= 12 M).

### Hals
Den Hals nach und nach fest ausstopfen.
**23. Rd:** 1 M zun, 3 fM, 2 M abn mit hStb, 3 fM, 1 M zun (= 12 M).
**24. Rd:** 2 M zun, 3 fM, 2 M abn mit hStb, 3 fM (= 12 M).

**25. Rd:** 1 fM, 2 M zun, 3 fM, 2 M abn mit hStb, 2 fM (= 12 M).
**26. Rd:** 2 fM, 2 M zun, 3 fM, 2 M abn mit hStb, 1 fM (= 12 M).
**27. Rd:** 3 fM, 2 M zun, 3 fM, 2 M abn mit hStb (= 12 M).
**28. Rd:** 5 fM, 1 M zun, 3 fM, 1 hStb, 1 M abn mit hStb (= 12 M).
**29. Rd:** 1 hStb, 4 fM, 2 M zun, 3 fM, 1 M abn mit hStb (= 13 M).
**30. Rd:** 1 M abn mit hStb, 4 fM, 2 M zun, 3 fM, 1 M abn mit hStb (= 13 M).
**31. Rd:** 1 M abn mit hStb, 4 fM, 2 M zun, 4 fM, 1 M abn mit hStb (bei dieser letzten M abn die letzte M der 30. Rd und die 1. M der 31. Rd zushäkeln. Die folgende M als 1. M der 32. Rd markieren und weiterhäkeln) (= 13 M).
**32.–34. Rd:** 1 M abn in hStb, 4 fM, 2 M zun, 3 fM, 1 M abn in hStb (= 13 M).
**35. Rd:** 1 M abn in hStb, 1 hStb, 4 fM, 1 M zun, 4 fM, 1 M abn in hStb (bei dieser letzten M abn die letzte M der 34. Rd und die 1. M der 35. Rd zushäkeln. Die folgende M als 1. M der 36. Rd markieren und weiterhäkeln) (= 12 M).
**36. Rd:** 1 M abn in hStb, 3 fM, 2 M zun, 3 fM, 1 M abn in hStb (= 12 M).
**37. Rd:** 1 M abn in hStb, 4 fM, 2 M zun, 3 fM, 1 M abn in hStb (bei dieser letzten M abn die letzte M der 36. Rd und die 1. M der 37. Rd zushäkeln. Die folgende M als 1. M der 38. Rd markieren und weiterhäkeln) (= 12 M).
**38. Rd:** 1 hStb, 4 fM, 2 M zun, 5 fM (= 14 M).
**39. Rd:** 6 fM, 2 M zun, 6 fM (= 16 M).

**Körper**
**40. Rd:** 1 M zun, 1 Lm-Kette mit 10 Lm, 1 fM in die 2. M ab der Nd, 8 fM auf der Lm-Kette, 1 M zun in die nächste M (2. M der Vor-Rd), 5 fM, 1 M zun, 2 fM, 1 M zun, 5 fM (= 38 M).
**41. Rd:** 2 fM, auf der Lm-Kette: 8 fM und 1 M zun, auf der Rückseite der Lm-Kette: 1 M zun, 8 fM, dann 9 fM, 2 M zun, 7 fM (= 42 M).
**42. Rd:** 11 fM, 2 M zun, 29 fM (= 44 M).
**43. Rd:** 10 fM, 6 M zun, 15 fM, 1 M zun, 6 fM, 1 M zun, 5 fM (= 52 M).

**44. Rd:** 12 fM, 8 M zun, 32 fM (= 60 M).
**45. Rd:** 2 fM, 1 M zun, 4 fM, 1 M zun, 24 fM, 1 M zun, 4 fM, 1 M zun, 22 fM (= 64 M).
**46. Rd:** 1 fM, 1 M zun, 5 fM, 1 M zun, 9 fM, 3 M zun, 4 fM, 3 M zun, 9 fM, 1 M zun, 5 fM, 1 M zun, 21 fM (= 74 M).
**47. Rd:** 5 fM, 1 M zun, 42 fM, 1 M zun, 25 fM (= 76 M).
**48. Rd:** 76 fM (= 76 M).
**49. Rd:** 20 fM, 8 M abn, 28 fM, 2 M abn, 8 fM (= 66 M).
**50. Rd:** 19 fM, 2 M abn, 2 fM, 2 M abn, 37 fM (= 62 M).
**51. Rd:** 1 fM, 1 M abn, 6 fM, 1 M abn, 22 fM, 1 M abn, 6 fM, 1 M abn, 19 fM (= 58 M).
**52. Rd:** 18 fM, 2 M abn, 36 fM (= 56 M).
**53. Rd:** 4 fM, 1 M abn, 26 fM, 1 M abn, 22 fM (= 54 M).
**54. Rd:** 2 fM, 5x (3 fM, 1 M abn, 3 fM), 9 fM, 1 M abn, 1 fM (= 48 M).
**55. Rd:** 6x (3 fM, 1 M abn, 3 fM) (= 42 M).
**56. Rd:** 6x (5 fM, 1 M abn) (= 36 M).
**57. Rd:** 6x (2 fM, 1 M abn, 2 fM) (= 30 M).
Mit dem Ausstopfen des Körpers beginnen, dabei den unteren Abschnitt des Halses und die Flosse fest ausstopfen. Dann bis zum Schluss immer weiter nachstopfen.
**58. Rd:** 6x (3 fM, 1 M abn) (= 24 M).
**59. Rd:** 6x (1 fM, 1 M abn, 1 fM) (= 18 M).
**60. Rd:** 6x (1 fM, 1 M abn) (= 12 M).
**61. Rd:** 6 M abn (= 6 M).
Den Körper schließen und den Faden vernähen.

### FLÜGEL 2 x

In Weiß häkeln.
**1. Rd:** 6 fM in einen Magic Ring (= 6 M).
**2. Rd:** 6 M zun (= 12 M).
**3. Rd:** 6x (1 fM, 1 M zun) (= 18 M).
**4.–6. Rd:** 18 fM (= 18 M).
**7. Rd:** 3x (2 fM, 1 M abn, 2 fM) (= 15 M).
**8.–9. Rd:** 15 fM (= 15 M).
**10. Rd:** 5 fM, 3 M abn, 4 fM (= 12 M).
**11. Rd:** 4 fM, 3 M abn, 2 fM (= 9 M).
**12. Rd:** 3 fM, 3 M abn (= 6 M).

Den Faden 35 cm lang abschneiden, festziehen und nach innen und durch den Magic Ring herausziehen.
Den Flügel so flach legen, dass die M abn der letzten 3 Rd auf einer Kante liegen und der Flügel asymmetrisch ist.

## FÜSSE 2×

In Gold häkeln. Dafür den Faden vierfach nehmen, damit dieselbe Stärke wie mit dem Baumwollmischgarn erreicht wird. Man kann dafür vom Knäuel des Metallicgarns 4 Fäden zu je 2,50 m abschneiden; sie werden mit einer Häkel-Nd 3,5 mm in fM gehäkelt.
**1. Rd:** 6 fM in einen Magic Ring (= 6 M).
**2. Rd:** 3× (1 M zun, 1 fM) (= 9 M).
**3.–4. Rd:** 9 fM (= 9 M).
**5. Rd:** Die Füße flach legen und mit 4 fM 2 Ränder häkeln (= 4 M).
Die Fäden 30 cm lang zum Annähen abschneiden, nach innen ziehen und durch den Magic Ring herausziehen.

## KRONE

In Gold häkeln. Dafür den Faden dreifach nehmen, damit dieselbe Stärke wie mit dem Baumwollmischgarn erreicht wird. Man kann dafür vom Knäuel des Metallicgarns 3 Fäden zu je 3,50 m abschneiden; sie werden mit einer Häkel-Nd 2,5 mm in fM gehäkelt.
**1. Rd:** 1 Lm-Kette mit 15 Lm häkeln, dabei etwa 30 cm Faden am Anfang zum Festnähen stehen lassen. Mit 1 Km in die 1. M der Lm-Kette zum Ring schließen, dabei darauf achten, dass sich die Lm-Kette nicht verdreht.
**2. Rd:** 1 Lm, 15 fM in die 15 M der Lm-Kette (stets in das hintere M-Glied einstechen), mit 1 Km in die 1. fM die Rd beenden (= 15 M).
**3. Rd:** 1 Lm, 1 fM, 4× (3 Lm, 3 M überspringen, 1 fM in die 3. M), 3 Lm, 1 Km in die 1. M der Rd (= 20 M).
**4. Rd:** 1 Lm, die 1. M der Vor-Rd überspringen, auf die 1. Lm-Kette der 3 Lm *2 hStb, 1 Pikot, 2 hStb*, von * bis * über die anderen 4 Lm-Ketten wdh, 1 Km in das 1. hStb der Rd.

Die Fäden 20 cm lang abschneiden, senkrecht durch die M der Krone zur Unterkante führen.

## ZUSAMMENSETZEN

Die Flügel auf der Höhe des unteren Halsendes zwischen der 45. und 50. Rd. platzieren. Rund um den abgerundeten Teil der ersten 6 Rd der Flügel nähen, dann einige Stiche entlang der 6. Rd, sodass die Flügel auf der Vorderseite mit dem Körper verbunden werden. Die Spitzen nicht annähen, sie sollten vom Körper abstehen.

Die beiden ersten Rd der Füße an der 54. und 55. Rd des Körpers annähen. Die beiden letzten Rd der Füße nicht annähen, damit sie abstehen. Vor dem Festnähen mit Stecknadeln feststecken und ausprobieren, ob der Schwan sicher steht. Die Krone an der unteren Kante oben auf den Kopf zwischen den Augen (zwischen der 18. und 21. Rd) platzieren. Zum Festnähen die Endfäden verwenden und zum Schluss in der Krone vernähen. Mit rosa Schminke die Wangen auftupfen.

Nach Belieben: In Höhe des Schwanzes einen Federbausch aus Tüll ansetzen. Dafür 45 Tüllstreifen von 16 cm Länge und 3 cm Breite zurechtschneiden und diese befestigen. In Höhe der 45. Rd beginnen. Dafür mit der Häkel-Nd in ein Loch hinter der 45. Rd einstechen und aus dem nächsten Loch der Rd herausführen. Den Streifen zur Hälfte legen und mit der Häkel-Nd durch die M führen. Ziehen, bis die Schlaufe groß genug ist, damit die beiden Enden des Streifens durchgezogen werden können. Dann an den Enden ziehen und den Knoten festziehen. Diesen Vorgang an etwa 15 M entlang der 45. Rd über die Breite des Schwanzes wdh. Die übrigen Streifen gleichmäßig in den Vor-Rd anbringen. Wenn alle Streifen befestigt sind, die Länge mit einer Schere zu einem gleichmäßigen Federbausch beliebiger Länge angleichen.

# Harry, der Clownfisch

⏱ 3 Std. 30
📷 S. 10

**Maße**
Höhe: 11 cm
Länge: 13 cm

**Infos**
Der Körper des Fisches wird in geschlossenen Rd gehäkelt. Die Km am Rd-Ende und die Lm am Rd-Anfang werden aus Gründen der besseren Lesbarkeit nicht angeführt, **müssen aber bei jeder Rd gearbeitet werden**. Weitere Hinweise im Kapitel „Techniken", S. 27. Die Seitenflossen werden in Spiral-Rd gehäkelt, die anderen Flossen in R.

**Material**
› Häkelnadel 3,5 mm
› 2 Sicherheitsaugen, ø 9 mm, in Braun und Schwarz
› Baumwollmischgarn (55 % Baumwolle, 45 % Acryl, LL 50 g/85 m), 20 g in Orange, 10 g in Weiß, 10 g in Schwarz
› Baumwollgarn (100 % Baumwolle, LL 50 g/130 m), Rest in Schwarz

## KÖRPER

In Orange, in geschlossenen Rd häkeln.
**1. Rd:** 6 fM in einen Magic Ring (= 6 M).
**2. Rd:** 6 M zun (= 12 M).
**3. Rd:** 6x (1 fM, 1 M zun) (= 18 M).
**4. Rd:** 6x (1 fM, 1 M zun, 1 fM) (= 24 M).
**5. Rd:** 3x (7 fM, 1 M zun) (= 27 M).
**6. Rd:** 3x (3 fM, 1 M zun, 5 fM) (= 30 M).
**7. Rd:** 3x (2 fM, 1 M zun, 7 fM) (= 33 M).
**8. Rd:** 3x (8 fM, 1 M zun, 2 fM) (= 36 M).
Die Sicherheitsaugen zwischen der 5. und 6. Rd in die 8. und 20. M einsetzen. Auf die 4. Rd unter die Augen in Höhen der Lm am Rd-Ende den lächelnden Mund aufsticken.
In Weiß weiterhäkeln.
**9. Rd:** 3x (5 fM, 1 M zun, 6 fM) (= 39 M).
**10. Rd:** 39 fM (= 39 M).
In Orange weiterhäkeln.
**11. Rd:** 3x (12 fM, 1 M zun) (= 42 M).
Mit einem schwarzen Faden eine Reihe zwischen dem Streifen in Orange und in Weiß aufsticken. Das kann auch am Ende nach dem Ausstopfen gemacht werden, aber jetzt ist es einfacher, wenn die Fadenenden verknotet werden. Dafür einen etwa 90 cm langen Faden nehmen und mit einer Woll-Nd wie folgt mit Steppstichen um den Körper sticken: In das Loch der 1. M von innen nach außen einstechen, dann zurück in die vorherige M nach innen und wieder vor in die folgende M nach außen einstechen. So um den Körper fortfahren und eine 2. R sticken, sodass der weiße Streifen mit 2 schwarzen Stichen eingefasst wird.
**12.–13. Rd:** 42 fM (= 42 M).
**14. Rd:** 10 fM, in Weiß 2 fM, in Orange 19 fM, in Weiß 2 fM, in Orange 9 fM (= 42 M).
**15. Rd:** 9 fM, in Weiß 4 fM, in Orange 17 fM, in Weiß 4 fM, in Orange 8 fM (= 42 M).
In Weiß weiterhäkeln.
**16. Rd:** 3x (6 fM, 1 M abn, 6 fM) (= 39 M).
**17. Rd:** 3x (1 M abn, 11 fM) (= 36 M).
In Orange weiterhäkeln.
**18. Rd:** 3x (2 fM, 1 M abn, 8 fM) (= 33 M).
Jetzt wieder mit einem schwarzen Faden zwei Reihen um den Körper sticken und den weißen Streifen einfassen. Im Unterschied zum 1. Mal werden jetzt auch die weißen Flecken auf den Körperseiten (in der 14. und 15. Rd entstanden) miteingefasst. Dafür diagonal sticken, damit die Einfassung gleichmäßig wird.
Den Körper ausstopfen.
**19. Rd:** 3x (7 fM, 1 M abn, 2 fM) (= 30 M).
**20. Rd:** 2x (1 M abn, 11 fM, 1 M abn) (= 26 M).
**21. Rd:** 2x (1 M abn, 9 fM, 1 M abn) (= 22 M).
Nochmals ausstopfen.

**22. Rd:** 2x (1 M abn, 7 fM, 1 M abn) (= 18 M).
In Weiß weiterhäkeln.
**23. Rd:** 2x (1 M abn, 5 fM, 1 M abn) (= 14 M).
**24. Rd:** 14 fM (= 14 M).
In Orange weiterhäkeln.
**25. Rd:** 2x (6 fM; 1 M zun) (= 16 M).
Zum letzten Mal ausstopfen.
**26. Rd:** 2x (1 M zun, 1 hStb, 4 Stb, 1 hStb, 1 M zun) (= 20 M).
In Schwarz weiterhäkeln.
**27. Rd:** Den Abschluss zushäkeln: 1 fM, dabei die 1. und letzte M der Vor-Rd zushäkeln, dann auf diese Weise 9 fM (= 10 M).
Den Faden 80 cm lang abschneiden und in den Schwanz ziehen, dann damit wie zuvor 2 Reihen sticken und den weißen Streifen einfassen.

### SEITENFLOSSEN 2 ×

In Orange in Spiral-Rd häkeln.
**1. Rd:** 6 fM in einen Magic Ring (= 6 M).
**2. Rd:** 5 M zun. Dabei den Anfangsfaden in die M einklemmen und anschließend an der letzten M abschneiden (= 11 M).
Den Faden zum Vernähen lang abschneiden.
In Schwarz einen Rand um die Flossen sticken. Dafür einen etwa 55 cm langen Faden zurechtschneiden und in der 2. M der 3. Rd beginnen. Mit einer Wollnadel von hinten nach vorne unter beide M-Glieder der M einstechen (insgesamt 9 M), dabei ungefähr 15 cm des Anfangsfadens stehen lassen, um ihn leichter durchzuziehen. Dann ein 2. Mal rückwärts arbeiten: von hinten nach vorne in dieselben M einstechen, dabei mit der 8. M beginnen und bis zum Anfang arbeiten (insgesamt 8 M). So entsteht am Rand der Flosse ein Zackenmuster.

### RÜCKENFLOSSE

In Orange in R häkeln. Den Anfangsfaden zum Annähen etwa 25 cm lang stehen lassen.
**1. R:** 6 Lm (= 6 M).
**2. R:** 1 fM in die 2. M von der Häkel-Nd, 3 fM, 1 Lm, wenden (= 5 M).
**3. R:** 1 Lm, die 1. M überspringen, 1 fM in die nächste M, 2x (2 hStb in 1 M), 1 Lm (= 6 M).
Den Faden zum Annähen 25 cm lang abschneiden.
In Schwarz auch auf die Rückenflosse einen Rand aufsticken. Einen etwa 50 cm langen Faden zurechtschneiden und am Anfang etwa 15 cm stehen lassen. In die 6 M der 3. R sticken sowie zusätzlich auf den Seiten noch 1 Stich ausführen.

### WEITERE FLOSSEN 3 ×

In Orange in R häkeln. Den Anfangsfaden zum Annähen etwa 25 cm lang stehen lassen.
**1. R:** 5 Lm (= 5 M).
**2. R:** 1 fM in die 2. M von der Häkel-Nd, 2 fM, 1 Lm, wenden (= 4 M).
**3. R:** 1 Lm, die 1. M überspringen, 1 fM und 1 hStb in die nächste M, 2 hStb in 1 M, 1 Lm (= 5 M).
Den Faden zum Annähen 25 cm lang abschneiden.
In Schwarz auch auf diese Flossen einen Rand aufsticken. Einen etwa 50 cm langen Faden zurechtschneiden und am Anfang etwa 15 cm stehen lassen. In die 5 M der 3. R sticken sowie zusätzlich auf den Seiten noch 1 Stich ausführen.

### ZUSAMMENSETZEN

Die Seitenflossen direkt hinter dem 1. weißen Streifen an der 11. Rd annähen. Die Oberkante auf Höhe der Augen platzieren. Darauf achten, dass die richtige Seite außen liegt. Die schwarzen Fäden vernähen. Die Rückenflosse auf dem Rücken des Fisches zwischen den Seitenflossen anbringen. Zum Annähen den Anfangsfaden verwenden. Den 1. Stich auf Höhe der 3. schwarzen R vom Kopf aus ausführen. Den Faden in Orange beim Vernähen nicht zu fest ziehen, damit die Flosse nicht flach gezogen wird. Zum Schluss die schwarzen Fäden vernähen.
Die anderen 3 Flossen auf dieselbe Weise annähen und folgendermaßen platzieren:
1. In der Mitte des Rückens am nächsten Streifen in Orange (vor der Schwanzflosse). Den 1. Stich auf Höhe des 5. schwarzen Streifens vom Kopf aus ausführen.
2. Unter dem Bauch, genauso wie die zuvor angenähte Flosse.
3. Unter dem Bauch, an derselben Stelle wie die 1. Rückenflosse.

# Jamie, der Flamingo

⏱ 3 Std. 30
📷 S. 12

**Maße**
Höhe: 24,5 cm
Breite: 6 cm

**Infos**
Der Flamingo wird in Spiral-Rd gehäkelt, bis auf die Flügel, die in R gehäkelt werden.

**Material**
› Häkelnadel 3,0 mm
› 2 Sicherheitsaugen, ø 8 mm
› Baumwollgarn (100 % Baumwolle, LL 50 g/75 m), 30 g in Rosa, 10 g in Gelb oder Mint, Rest in Weiß und in Schwarz
› Metallicgarn (60 % Viskose, 40 % Polyester, LL 20 g/150 m), etwa 10 m in Gold
› Nach Belieben: für weiche Beine: Chenilledraht, 35 cm;
für feste Beine (für einen aufrecht stehenden Flamingo): Aluminiumdraht, 2 mm dick, 40 cm

## SCHNABEL

In Schwarz häkeln.
**1. Rd:** 5 fM in einen Magic Ring (= 5 M).
**2. Rd:** 5 M zun (= 10 M).
**3. Rd:** 10 fM (= 10 M).
In Weiß weiterhäkeln.
**4. Rd:** 2x (1 fM, 1 M zun, 3 fM) (= 12 M).
**5.–6. Rd:** 12 fM (= 12 M).
**7. Rd:** 11 fM, 1 Lm (= 12 M).
Den Faden zum Annähen 30 cm lang abschneiden.
Den Schnabel ausstopfen.

## KOPF UND KÖRPER

In Rosa häkeln.
**1. Rd:** 6 fM in einen Magic Ring (= 6 M).
**2. Rd:** 6 M zun (= 12 M).
**3. Rd:** 6x (1 fM, 1 M zun) (= 18 M).
**4. Rd:** 6x (1 fM, 1 M zun, 1 fM) (= 24 M).
**5. Rd:** 6x (3 fM, 1 M zun) (= 30 M).
**6.–10. Rd:** 30 fM (= 30 M).
Die Augen zwischen der 8. und 9. Rd in der 9. und 18. M anbringen.
**11. Rd:** 6x (3 fM, 1 M abn) (= 24 M).
**12. Rd:** 6x (1 fM, 1 M abn, 1 fM) (= 18 M).
Den Schnabel annähen, dabei die obere Kante auf Höhe der Augen platzieren. Falls nötig, vor den letzten Stichen weiteres Füllmaterial nachstopfen. Dann mit dem Ausstopfen des Kopfes beginnen.
**13. Rd:** 6x (1 fM, 1 M abn) (= 12 M).
Den Kopf fertig und nach und nach den Hals ausstopfen.
**14. Rd:** 3x (2 fM, 1 M abn) (= 9 M).
**15.–24. Rd:** 9 fM (= 9 M).
**25. Rd:** nur in das vordere M-Glied häkeln: 9 M zun (= 18 M).
**26. Rd:** 5x (1 fM, 1 M zun), 7 fM, 1 M zun (= 24 M).
**27. Rd:** 6x (1 M zun, 1 fM), 12 fM (= 30 M).
**28.–29. Rd:** 30 fM (= 30 M).
**30. Rd:** 4 fM, 6x (1 fM, 1 M zun), 14 fM (= 36 M).
**31. Rd:** 36 fM (= 36 M).
**32. Rd:** 12 fM, 2 M zun, 15 fM, 2 M abn, 3 fM (= 36 M).
Die beiden zugenommenen M bilden die Mitte der Körperrückseite, die Abnahmen die Mitte der Vorderseite. Diese Markierungen beim Ausstopfen des Halsansatzes beachten und den Schnabel an den Abnahmen ausrichten.
**33. Rd:** 13 fM, 2 M zun, 15 fM, 2 M abn, 2 fM (= 36 M).
**34. Rd:** 36 fM (= 36 M).
**35. Rd:** 1 M abn, 1 fM, 4x (2 fM, 1 M abn, 2 fM), 1 M abn, 6 fM (= 30 M).
**36. Rd:** 1 M abn, 2 fM, 1 M abn, 1 fM, 1 M abn,

6 fM, 1 M abn, 1 fM, 1 M abn, 2 fM, 1 M abn, 6 fM (= 24 M).
**37. Rd:** 6x (1 fM, 1 M abn, 1 fM) (= 18 M).
Mit dem Füllen des Körpers beginnen, dabei den Halsansatz und den Schwanz gut ausstopfen.
**38. Rd:** 6x (1 fM, 1 M abn) (= 12 M).
Weiteres Füllmaterial nachstopfen.
**39. Rd:** 6 M abn (= 6 M).
Den Körper fertig ausstopfen, dann schließen und den Faden vernähen.

## FLÜGEL 2 ×

In Rosa in R häkeln. Den Anfangsfaden nicht zu kurz stehen lassen, damit er am Ende leichter vernäht werden kann.
**1. R:** 7 Lm (= 7 M).
**2. R:** 1 fM in die 2. M ab der Häkel-Nd, 5 fM in die folgenden M, wenden (= 6 M).
**3. R:** 1 Lm, 6 fM, wenden (= 6 M).
**4. R:** 1 Lm, 5 fM, 1 Km, wenden (= 6 M).
**5. R:** 1 Lm, die 1. M überspringen, 1 fM in die folgende M, 4 fM, wenden (= 5 M).
**6. R:** 1 Lm, 4 fM, 1 Km, wenden (= 5 M).
**7. R:** 1 Lm, die 1. M überspringen, 1 fM in die folgenden M, 3 fM, wenden (= 4 M).
**8. R:** 1 Lm, 3 fM, 1 Km, wenden (= 4M).
**9. R:** 1 Lm, die 1. M überspringen, 1 Km in die folgende M, 3 fM in die folgenden M, 1 Km (= 5 M).
Den Faden zum Annähen 30 cm lang abschneiden.

Mit Schwarz arbeiten.
Durch die äußere Lm der Lm der 1. R 1 schwarzen Faden ziehen (auf der gegenüberliegenden Seite des Anfangsfadens), dabei den Faden lang genug stehen lassen, damit er später leicht vernäht werden kann. In jede M der Lm-R wie folgt 1 Feder häkeln:
**1. Feder:** 3 Lm, 1 Km in die 2. schwarze M von der Häkel-Nd, 1 Km in die folgende M, 1 Km in die nächste rosa M.
**2. Feder:** 4 Lm, 1 Km in die 2. schwarze M von der Häkel-Nd, 1 Km in die beiden folgenden M, 1 Km in die nächste rosa M.
**3. Feder:** 5 Lm, 1 Km in die 2. schwarze M von der Häkel-Nd, 1 Km in die 3 folgenden M, 1 Km in die nächste rosa M.
**4. Feder:** 6 Lm, 1 Km in die 2. schwarze M von der Häkel-Nd, 1 Km in die 4 folgenden M, 1 Km in die nächste rosa M.
**5. Feder:** 7 Lm, 1 Km in die 2. schwarze M von der Häkel-Nd, 1 Km in die 5 folgenden M, 1 Km in die nächste rosa M.

Den Faden 15 cm lang abschneiden. Die 2 schwarzen und den rosa Faden in den M derselben Farbe vernähen. Am besten über die ganze Breite der M, dann noch über 2 oder 3 M zurück, bis sie gut gesichert sind.

### BEINE 2 ×
Nicht ausstopfen.
**Kuschelige Variante mit weichen Beinen in Mint.**
**1. R:** 5 fM in einen Magic Ring (= 5 M).
**2.–22. R:** 5 fM (= 5 M).
**23. R:** 4 fM, 1 Km (= 5 M).
Den Faden zum Annähen 25 cm lang abschneiden.
**Stehende Variante mit festen Beinen in Gelb.**
**1. R:** 5 fM in einen Magic Ring, dabei den Anfangsfaden etwa 25 cm lang stehen lassen und aus dem Fuß herausführen, weil er später zum Annähen benötigt wird.
**2.–22. R:** 5 fM (= 5 M).
**34. R:** 4 fM, 1 Km (= 5 M).
Den Faden zum Annähen etwa 25 cm stehen lassen.

### SCHLEIFE
In Gold häkeln. Dafür den Faden vierfach nehmen, damit dieselbe Stärke wie mit dem Baumwollgarn erreicht wird. Man kann dafür vom Knäuel des Metallicgarns 4 Fäden zu je 2 m abschneiden; sie werden mit einer Häkel-Nd 3,0 mm gehäkelt.

In einen Magic Ring: 2x (4 Lm, 3 hStb, 3 Lm, 1 Km in den Magic Ring).
Den Ring zuziehen, sodass eine Schleifenform entsteht. Den Faden etwa 35 cm lang abschneiden und mehrmals fest um die Mitte der Schleife wickeln. Die beiden Fäden auf der Rückseite vernähen.
Diese Schleife kann auf den seitlichen Kopf oder am Halsansatz als Fliege angenäht werden.

### ZUSAMMENSETZEN
Die Flügel an 2 R des Halsansatzes auf einer senkrechten Linie mit Augen nähen, die größte Feder soll dabei nach unten zeigen.
Ich persönlich nähe die obere Kante der Flügel an und füge noch 3 Stiche an den letzten 3 fM im rosa Abschnitt der Flügel hinzu.

**Kuschelige Variante mit weichen Beinen (23 Rd)**
Die Beine auf der gleichen vertikalen Linie wie den Hals annähen, dabei einen Abstand von 2 M zwischen den Beinen einhalten. Auf Wunsch kann vorher ein Chenilledraht eingearbeitet werden.

**Stehende Variante mit festen Beinen (34 Rd)**
40 cm Aluminiumdraht zurechtschneiden und zwischen der 34. und 35. Rd in den Körper schieben, dabei einen Abstand von 3 M einhalten. Den Draht auf die Länge der gehäkelten Beine plus 0,5 cm zurückschneiden. Diese 0,5 cm mit einer Zange zurückbiegen und zusammenquetschen, damit das Drahtende nicht durch die M stößt. Die Beine auf den Draht schieben. Ich empfehle, vorher etwas Füllmaterial darumzulegen, damit der Flamingo stabiler steht. Dann die Beine um den Draht an den Körper nähen und den Faden vernähen. Die Beine bis auf die unteren 6 cm gerade biegen. Darauf achten, dass sie dieselbe Länge haben. Dann die unteren 6 cm mittig falten. Mit dem Endfaden des Beines das umgebogene Ende festnähen.

# Katie, die Krake

⏱ 3 Std. 30
📷 S. 14

**Maße**
Höhe: 8 cm
Durchmesser mit Tentakeln: 14 cm

**Infos**
Der Körper wird in geschlossenen Rd gehäkelt. Die Km am Rd-Ende und die Lm am Rd-Anfang werden aus Gründen der besseren Lesbarkeit nicht angeführt, **müssen aber bei jeder Rd gearbeitet werden**. Weitere Hinweise im Kapitel „Techniken", S. 27.

**Material**
› Häkelnadel 3,5 und 2,5 mm
› 2 Sicherheitsaugen, ø 12 mm
› Baumwollmischgarn (55 % Baumwolle, 45 % Acryl, LL 50 g/85 m), 30 g in Himmelblau, 6 g in Dunkelblau
› Baumwollgarn (100 % Baumwolle, LL 50 g/130 m), Rest in Graugrün und in Schwarz

## KÖRPER, 1. TEIL

In Himmelblau häkeln.
**1. Rd:** 8 fM in einen Magic Ring (= 8 M).
**2. Rd:** 8 M zun (= 16 M).
**3. Rd:** 8x (1 fM, 1 M zun) (= 24 M).
**4. Rd:** 4x (1 fM, 1 M zun, 4 fM) (= 28 M).
**5. Rd:** 4x (5 fM, 1 M zun, 1 fM) (= 32 M).
**6. Rd:** 4x (3 fM, 1 M zun, 4 fM) (= 36 M).
**7. Rd:** 4x (8 fM, 1 M zun) (= 40 M).
**8. Rd:** 4x (2 fM, 1 M zun, 7 fM) (= 44 M).
**9. Rd:** 4x (8 fM, 1 M zun, 2 fM) (= 48 M).
**10.–14. Rd:** 48 fM (= 48 M).
Die Augen zwischen der 12. und 13. in der 20. und 29. M anbringen.
**15. Rd:** 8x (2 fM, 1 M abn, 2 fM) (= 40 M).
**16. Rd:** 4x (8 fM, 1 M abn) (= 36 M).
**17. Rd:** 4x (3 fM, 1 M abn, 4 fM) (= 32 M).

In Dunkelblau weiterhäkeln.
**18. Rd:** Für 8 Tentakeln 8x (10 lockere Lm, 1 Km in die 2. M von der Häkel-Nd, dann die Lm-Kette zurück: 1 fM, 1 hStb, 2 Stb, 4 DStb, die folgenden 3 M über der 17. Rd überspringen und 1 Km in die 4. M, um den Tentakel am Körper zu befestigen). Den Faden abschneiden und beim Beginn des 1. Tentakels vernähen. Im Körperinneren mit 1 Knoten befestigen.
Den Körper ausstopfen.

## KÖRPER, 2. TEIL

In Himmelblau häkeln.
**1. Rd:** 8 fM in einen Magic Ring (= 8 M).
**2. Rd:** 8 M zun (= 16 M).
**3. Rd:** 8x (1 fM, 1 M zun) (= 24 M).
**4. Rd:** 8x (1 fM, 1 M zun, 1 fM) (= 32 M).
**5. Rd:** Für 8 Tentakeln 8x (10 lockere Lm, 1 Km in die 2. M von der Häkel-Nd, dann die Lm-Kette zurück: 1 fM, 1 hStb, 2 Stb, 4 DStb, die folgenden 3 M über der 4. Rd überspringen und 1 Km in die 4. M, um den Tentakel am Körper zu befestigen). Den Faden nicht abschneiden, weil damit beim Zusammensetzen weitergehäkelt wird.

## GROSSER STERN

In Graugrün mit Häkel-Nd 2,5 mm häkeln.
In einen Magic Ring 5x (4 Lm, 1 Km in die 2. von der Häkel-Nd, 2 Km in die 2 anderen M, 1 Km in den Magic Ring). Den Magic Ring schließen und den Faden zum Annähen 40 cm lang abschneiden.

## KLEINER STERN

In Graugrün mit Häkel-Nd 2,5 mm häkeln.
In einen Magic Ring 5x (3 Lm, 1 Km in die 2. von der Häkel-Nd, 1 Km in die folgende M, 1 Km in den Magic Ring). Den Magic Ring schließen und den Faden zum Annähen 30 cm lang abschneiden.

**ZUSAMMENSETZEN**

Die beiden Körperteile zushäkeln, dafür Km um die 8 Tentakeln häkeln. (Die Km so fest häkeln, dass sich die Tentakeln etwas nach innen wölben.)
Die beiden Körperteile aufeinanderlegen, sodass die Tentakeln übereinanderliegen. Der 1. Tentakel des 2. Körperteils muss auf dem letzten des 1. Teils liegen.
Die Tentakel-Paare mit jeweils 1 Stecknadel fixieren.
Am Ende des 2. Körperteils nach der letzten Km beginnen.
1 Lm häkeln, die Arbeit wenden und die Häkel-Nd zuerst in den dunkelblauen Tentakel einstechen.
Die Nd in die 1. M des dunkelblauen Tentakels stechen (in die 1. Lm der 18. Rd des 1. Körperteils, in die das letzte DStb des Tentakels gehäkelt wurde), dann in beide M-Glieder des letzten DStb des himmelblauen Tentakels und 1 Km häkeln.
Diesen Vorgang 8x wdh, in alle M entlang des Tentakel-Randes, bis zur Spitze häkeln. Um leichter die Einstichstelle im dunkelblauen Tentakel zu finden, die Stelle suchen, wo der Tentakel gearbeitet wurde (zur Erinnerung:
4 DStb, 2 Stb, 1 hStb, 1 fM, 1 Km). Wenn man etwas an der Arbeit zieht und die M so ein wenig zur Seite schiebt, sieht man ein Loch an dieser Stelle. Die Nd in beide M-Glieder der himmelblauen Tentakel stechen.
An der anderen Kante der Tentakel auf dieselbe Weise zurückhäkeln und 9 Km arbeiten.
Im dunkelblauen Tentakel mit der Häkel-Nd in beide M-Glieder einstechen, im himmelblauen Tentakel in die Anfangs-M.
Mit 1 letzten Km beenden: in dieselben M einstechen, wie die Km, die zum Befestigen der Tentakel am Körper gearbeitet wurden, d. h. in die 17. Rd des 1. Körperteils und in die 4. Rd des 2. Körperteils.
Diese Schritte für die anderen 5 Tentakel wdh.
Zum Schluss den Körper ausstopfen und die 2 letzten Tentakeln umhäkeln.
Den Faden 25 cm lang abschneiden und mehrmals vernähen, dabei die letzte Km festnähen.

Mit dünner, schwarzer Wolle einen kleinen V-förmigen Mund auf Höhe der 15. Rd zwischen den Augen aufsticken.
Die Sterne aufnähen: Den großen über einem Auge, mit der oberen Zacke auf der 4. Rd, und den kleinen neben dem Auge, mit der oberen Zacke direkt unter der unteren des großen Sterns.
Mit einem etwa 1 m langen, graugrünen Faden 3 kleine Sommersprossen neben jedes Auge sticken, in etwa so:

● ●
 ●

Sie können mit dem Knötchenstich (siehe Kapitel „Techniken", S. 27) ausgeführt werden. Oder man stickt einfach 2- oder 3-mal mit sehr kleinen Stichen an derselben Stelle.

Zum Schluss die Fadenenden vernähen.

# Camille, der Narwal

⏱ 3 Std. 30
📷 S. 15

**Maße**
Höhe: 8 cm
Länge: 17 cm
(einschließlich Horn)

**Infos**
Körper und Bauch werden in geschlossenen Rd gehäkelt. Die Km am Rd-Ende und die Lm am Rd-Anfang werden aus Gründen der besseren Lesbarkeit nicht angeführt, **müssen aber bei jeder Rd gearbeitet werden**. Weitere Hinweise im Kapitel „Techniken", S. 27.
Die anderen Teile werden in Spiral-Rd gehäkelt.

**Material**
› Häkelnadel 2,5 mm und 3,5 mm
› 2 Sicherheitsaugen, ø 12 mm
› Baumwollmischgarn (55 % Baumwolle, 45 % Acryl, LL 50 g/85 m), 35 g in Türkis, 5 g in Weiß
› Baumwollgarn (100 % Baumwolle, LL 50 g/130 m), etwa 30 m in Weiß, etwa 30 m in Schwarz, Rest in Rosa

## HORN

In Schwarz und Weiß häkeln. Zugleich mit 2 Fäden des Baumwollgarns in Spiral-Rd häkeln. Nach und nach ausstopfen.
**1. Rd:** 4 fM in einen Magic Ring (= 4 M).
**2. Rd:** 1 M zun, 3 fM (= 5 M).
**3. Rd:** 1 M zun, 4 fM (= 6 M).
**4. Rd:** 6 fM (= 6 M).
**5. Rd:** 1 M zun, 5 fM (= 7 M).
**6. Rd:** 7 fM (= 7 M).
**7. Rd:** 1 M zun, 6 fM (= 8 M).
**8. Rd:** 8 fM (= 8 M).
**9. Rd:** 1 Km. Die letzten M nicht häkeln (= 8 M).
Den Faden 25 cm lang abschneiden.

## FLOSSEN 2 ×

In Türkis mit Spiral-Rd häkeln.
**1. Rd:** 6 fM in einen Magic Ring (= 6 M).
**2. Rd:** 6 M zun (= 12 M).
**3. Rd:** 12 fM (= 12M).
**4. Rd:** 2 fM, 1 M abn, 4 fM, 1 M abn, 2 fM (= 10 M).
**5. Rd:** 2 Km, 5 fM, 1 Km. Die letzten M nicht häkeln (= 10 M).
Den Faden 25 cm lang abschneiden und die Flossen flach drücken.

## SCHWANZ

In Türkis in Spiral-Rd häkeln.

**1. Teil**
**1. Rd:** 6 fM in einen Magic Ring (= 6 M).
**2. Rd:** 3x (1 M zun, 1 fM) (= 9 M).
**3. Rd:** 3x (1 fM, 1 M zun, 1 fM) (= 12 M).
**4. Rd:** 11 fM, 1 Km (= 12 M).
Die 11. M in der 4. Rd markieren. Den Faden abschneiden und unsichtbar vernähen, aber diesen Teil nicht schließen.

**2. Teil**
Die 1.–4. Rd des 1. Teils wdh.
**5. Rd:** Beide Teile aneinanderfügen, dafür 1 Km in die markierte M des 1. Teils; 1 fM in die folgende M (diese fM wird zur 1. M der Rd), 10 fM, 1 fM in die 1. M (die Km zum Aneinanderfügen der Teile), 1 fM in die letze M der 1. Rd (die Km), 11 fM (= 24 M).
**6. Rd:** 2x (3 fM, 3 M abn, 3 fM) (= 18 M).
**7. Rd:** 2x (2 fM, 1 M abn, 1 fM, 1 M abn, 2 fM) (= 14 M).
Mit dem Ausstopfen beginnen.
**8. Rd:** 2x (1 fM, 1 M abn, 1 fM, 1 M abn, 1 fM) (= 10 M).
**9. Rd:** 2 fM, 1 Km. Die letzten M nicht häkeln (= 10 M).
Nochmals ausstopfen. Den Faden 25 cm lang abschneiden.

### HERZ

In Rosa mit Häkel-Nd 2,5 mm häkeln.
In einen Magic Ring: 2 Lm, 1 Stb, 1 DStb, 1 Stb, 3 hStb, 1 Stb, 3 hStb, 1 Stb, 1 DStb, 1 Stb, 2 Lm, 1 Km.
Den Ring schließen und den Faden 25 cm lang abschneiden.

### BAUCH

Mit weißem Baumwollgarn in geschlossenen Rd häkeln.
**1. Rd:** 1 Lm-Kette mit 6 Lm, 1 fM in die 2. M von der Häkel-Nd, 3 fM, 3 fM in die 1. M der Lm-Kette, dann auf die andere Seite der Kette häkeln: 3 fM, 1 M zun (= 12 M).
**2. Rd:** 1 M zun, 3 fM, 3 M zun, 3 fM, 2 M zun (= 18 M).
**3. Rd:** 6 fM, 3 M zun, 6 fM, 3 M zun (= 24 M).
**4. Rd:** 8 fM, 3 M zun, 9 fM, 3 M zun, 1 fM (= 30 M).
**5. Rd:** 6x (2 fM, 1 M zun, 2 fM) (= 36 M).
**6. Rd:** 9x (3 fM, 1 M zun) (= 45 M).
**7. Rd:** 9x (2 fM, 1 M zun, 2 fM) (= 54 M).
Den Faden abschneiden und unsichtbar vernähen.
Die 48. M der 7. Rd markieren.

### KÖRPER

In Türkis in geschlossenen Rd häkeln.
**1. Rd:** 7 fM in einen Magic Ring (= 7 M).
**2. Rd:** 7 M zun (= 14 M).
**3. Rd:** 7x (1 fM, 1 M zun) (= 21 M).
**4. Rd:** 7x (1 fM, 1 M zun, 1 fM) (= 28 M).
**5. Rd:** 7x (3 fM, 1 M zun) (= 35 M).
**6. Rd:** 7x (2 fM, 1 M zun, 2 fM) (= 42 M).
**7. Rd:** 1 M zun, 40 fM, 1 M zun (= 44 M).
**8. Rd:** 2 fM, 1 M zun, 38 fM, 1 M zun, 2 fM (= 46 M).
**9. Rd:** 46 fM (= 46 M).
**10. Rd:** 1 M zun, 44 fM, 1 M zun (= 48 M).
**11. Rd:** 48 fM (= 48 M).
**12. Rd:** 2 fM, 1 M zun, 42 fM, 1 M zun, 2 fM (= 50 M).
**13. Rd:** 50 fM (= 50 M).
**14. Rd:** 1 M zun, 48 fM, 1 M zun (= 52 M).
**15. Rd:** 52 fM (= 52 M).
**16. Rd:** 2 fM, 1 M zun, 46 fM, 1 M zun, 2 fM (= 54 M).
**17. Rd:** 54 fM (= 54 M).
Den Faden 40 cm lang abschneiden. Zwischen der 14. und 15. Rd die Augen in der 18. und 36. M anbringen. Seitlich über den Augen jeweils 2 Wimpern aufsticken, bevor die Scheibe der Augen auf der Rückseite fixiert wird. Das ist einfacher, als unter dem Plastikauge zu sticken. Von der M, in die der Stift des Auges eingesteckt wurde, aus 1 Rd nach oben zählen und 2 Wimpern mit 1 M Abstand aufsticken.

### ZUSAMMENSETZEN

Mit einem rosa Faden eine kleine Linie für die Wangen 1 Rd unter den Augen aufsticken.
Den Faden auf der Rückseite verknoten.
Die Vorderseite der rechten Seitenflosse 2 M unter das Auge und 2 M nach hinten versetzt platzieren; die Vorderseite der linken Seitenflosse 2 M unter das Auge und 3 M nach hinten versetzt. Die beiden Lagen der Flossen zus mit 4 Stichen annähen. Den Faden auf der Rückseite verknoten. Den Bauch an den Körper nähen, dafür den 1. Stich in die zuvor markierte Masche setzen. Beim Nähen den Faden durch die 2 M-Glieder der letzten Rd des Körpers führen, aber nur durch das hintere M-Glied der Maschen am Bauch. Nach ¾ den Körper ausstopfen. Dann fertig nähen und falls nötig noch Füllmaterial nachstopfen.
Den Schwanz hinten zwischen den beiden Flossen annähen, knapp über den vorderen M-Gliedern der letzten Rd des Bauchs.
Das Horn über der 7. und 8. Rd zwischen den Augen platzieren.
Zum Schluss das kleine Herz zwischen Schwanz und einer der Flossen zwischen der 14. und 17. des Körpers aufnähen.

# Georgie, der Elefant

⏱ 5 Std.
📷 S. 16

**Maße**
Höhe: 12 cm
Breite: 14 cm, in Höhe der Ohren gemessen

**Infos**
Alle Teile werden in Spiral-Rd gehäkelt. Kopf und Körper werden an einem Stück gearbeitet. Wenn nicht anders angegeben, mit dem dickeren Baumwollgarn und Häkelnadel 3,0 mm häkeln.

**Material**
› Häkelnadel 3,0 und 2,5 mm
› 2 Sicherheitsaugen, ø 12 mm
› Baumwollgarn (100 % Baumwolle, LL 50 g/75 m), 50 g in Grün, 7 g in Rosa, Rest in Weiß
› Baumwollgarn (100 % Baumwolle, LL 50 g/155 m), Rest in Weiß und in Schwarz

## KOPF UND KÖRPER

In Grün häkeln.
**1. Rd:** 6 fM in einen Magic Ring (= 6 M).
**2. Rd:** 6 M zun (= 12 M).
**3. Rd:** 6x (1 fM, 1 M zun) (= 18 M).
**4. Rd:** 6x (1 fM, 1 M zun) (= 24 M).
**5. Rd:** 6x (3 fM, 1 M zun) (= 30 M).
**6. Rd:** 3x (2 fM, 1 M zun, 7 fM) (= 33 M).
**7. Rd:** 3x (8 fM, 1 M zun, 2 fM) (= 36 M).
**8. Rd:** 3x (5 fM, 1 M zun, 6 fM) (= 39 M).
**9. Rd:** 3x (12 fM, 1 M zun) (= 42 M).
**10.–15. Rd:** 42 fM (= 42 M).
**16. Rd:** 6x (5 fM, 1 M abn) (= 36 M).
Die Augen zwischen der 12. und 13. Rd in der 17. und 26. M anbringen.
**17. Rd:** 6x (2fM, 1 M abn, 2 fM) (= 30 M).
**18. Rd:** 6x (1 fM, 1 M abn) (= 24 M).
Mit dem Ausstopfen des Kopfes beginnen.
**19. Rd:** 6x (1 fM, 1 M abn, 1 fM) (= 18 M).
**20. Rd:** 6x (1 fM, 1 M abn) (= 12 M).
Nochmals ausstopfen.
**21. Rd:** 12 fM in das vordere M-Glied (= 12 M).
**22. Rd:** 6x (1 fM, 1 M zun) (= 18 M).
**23. Rd:** 6x (1 fM, 1 M zun, 1 fM) (= 24 M).
**24.–25. Rd:** 24 fM (= 24 M).
**26. Rd:** 8 fM, 3x (1 fM, 1 M zun, 2 fM), 4 fM (= 27 M).
**27. Rd:** 27 fM (= 27 M).
**28. Rd:** 1 fM, 1 M zun, 6 fM, 5x (1 fM, 1 M zun, 1 fM), 4 fM (= 33 M).
**29.–31. Rd:** 33 fM (= 33 M).
**32. Rd:** 13 fM, 3x (1 fM, 1 M abn, 1 fM), 8 fM (= 30 M).
**33. Rd:** 6x (3 fM, 1 M abn) (= 24 M).
Mit dem Ausstopfen des Körpers beginnen.
**34. Rd:** 6x (1 fM, 1 M abn, 1 fM) (= 18 M).
**35. Rd:** 6x (1 fM, 1 M abn) (= 12 M).
**36. Rd:** 6 M abn (= 6 M).
Den Körper nochmals ausstopfen, dann schließen und den Faden vernähen.

## OHREN 2 x

In Rosa häkeln.
**1. Rd:** 6 fM in einen Magic Ring (= 6 M).
**2. Rd:** 6 M zun (= 12 M).
**3. Rd:** 6x (1 fM, 1 M zun) (= 18 M).
**4. Rd:** 6x (1 fM, 1 M zun, 1 fM) (= 24 M).
**5. Rd:** 6x (3 fM, 1 M zun) (= 30 M).
Mit unsichtbarer Naht beenden.
In Grün häkeln.
**1. Rd:** 6 fM in einen Magic Ring (= 6 M).
**2. Rd:** 6 M zun (= 12 M).
**3. Rd:** 6x (1 fM, 1 M zun) (= 18 M).
**4. Rd:** 6x (1 fM, 1 M zun, 1 fM) (= 24 M).
**5. Rd:** 6x (3 fM, 1 M zun) (= 30 M).
**6. Rd:** 6x (2 fM, 1 M zun, 2 fM) (= 36 M).

In den letzten Rd beide Seiten zushäkeln und dafür aufeinanderlegen. Mit der Häkel-Nd in 1 M der grünen Rd, dann in 1 rosa M einstechen. Der grüne Kreis ist größer als der rosafarbene. Das ist richtig so, denn so kann sich das Ohr trotz der dicken Wolle nach innen wölben.
**7. Rd:** 6x (3 fM, 1 fM in die folgende grüne M und nochmals in dieselbe rosa M wie zuvor, 2 fM)(= 36 M).
Damit sich die Ohren falten, 1 Km in die 1. und letzte M der 7. Rd häkeln. Dann auf diese Weise 3 zusätzliche Km in beide Lagen häkeln.
Den Faden zum Annähen 30 cm lang abschneiden.

### RÜSSEL
In Grün häkeln. Nach und nach leicht ausstopfen.
**1. Rd:** 7 fM in einen Magic Ring (= 7 M).
**2. Rd:** 7 fM (= 7 M).
**3. Rd:** 5 fM, 1 M zun, 1 fM (= 8 M).
**4. Rd:** 8 fM (= 8 M).
**5. Rd:** 2 fM, 1 M abn, 2 fM, 2 M zun (= 9 M).
**6. Rd:** 2 fM, 1 M abn, 3 fM, 1 M zun, 1 fM (= 9 M).
**7. Rd:** 2 fM, 1 M abn, 1 fM, 3 M zun, 1 fM (= 11 M).
**8. Rd:** 1 fM, 1 Km. Die letzten M nicht häkeln (= 11 M).
Den Faden zum Annähen 25 cm lang abschneiden.

### VORDERBEINE 2 ×
In Grün häkeln.
**1. Rd:** 6 fM in einen Magic Ring (= 6 M).
**2. Rd:** 6 M zun (= 12 M).
In Grün weiterhäkeln.
**3.–4. Rd:** 12 fM (= 12 M).
**5. Rd:** 4 fM, 2 M abn, 4 fM (= 10 M).
**6. Rd:** 3 fM, 2 M abn, 2 fM, 1 Km (= 8 M).
Den Faden zum Annähen 25 cm lang abschneiden.
Die Hinterbeine ausstopfen.

### HINTERBEINE 2 ×
In Weiß häkeln.
**1. Rd:** 6 fM in einen Magic Ring (= 6 M).
**2. Rd:** 6 M zun (= 12 M).
In Grün weiterhäkeln.
**3.–4. Rd:** 12 fM (= 12 M).
**5. Rd:** 4 fM, 2 M abn, 4 fM (= 10 M).

**6. Rd:** 3 fM, 2 M abn, 2 fM, 1 Km (= 8 M).
Den Faden zum Annähen 25 cm lang abschneiden.
Die Hinterbeine ausstopfen

### SCHWANZ
In Grün häkeln. Den Anfangsfaden 20 cm lang stehen lassen.
15 Lm, 1 Km in die 2. M von der Häkel-Nd, 13 Km in die folgenden Lm.
Den Faden zum Annähen 20 cm lang abschneiden. Einen 15 cm langen Faden von dem dünneren Garn in Weiß abschneiden, in eine Wollnadel einfädeln und in die M am Schwanzende (gegenüber der Seite mit dem Faden zum Annähen) einstechen. Den Faden zur Hälfte legen, so dass auf jeder Seite der M eine Hälfte des Fadens liegt. Die beiden Fadenhälften zusnehmen, so nah wie möglich an der grünen M zu einer Schlaufe legen und verknoten, sodass ein kleines Büschel am Schwanz entsteht. Den Knoten festziehen, die weißen Fäden auf ca. 1 cm kürzen und die Stränge voneinander trennen.

### BLUME
In Weiß mit dem dünneren Garn und Häkel-Nd 2,5 mm häkeln. Den Anfangsfaden 20 cm lang stehen lassen.
26 Lm, 1 Stb in die 4. M von der Häkel-Nd, dann auf der Lm wie folgt weiterhäkeln:
4 Stb, 7 hStb, 10 fM, 1 Km.
Den Faden zum Annähen 25 cm lang abschneiden. Den Streifen mit den Stb in der Mitte leicht einrollen.
Mit einer Wollnadel einen der Fäden an der Unterseite der Blume durch die einzelnen Schichten ziehen und die Blume so fixieren. Darauf achten, dass dabei die Form der Blume nicht zerdrückt wird.

### ZUSAMMENSETZEN
Die Hinterbeine auf beiden Seiten des Körpers mit etwa 8 M Abstand voneinander an der 32. und 33. Rd annähen. Zuerst mit Stecknadeln fixieren und ausprobieren, ob der Elefant gerade sitzt. Dann den Schwanz hinten an den Körper zwischen

die Beine zwischen der 33. und 34. Rd nähen. Die Vorderbeine symmetrisch auf beiden Seiten des Körpers auf der 23. und 24. Rd annähen. Nach Belieben können die Enden mit einem zusätzlichen Stich am Bauch fixiert werden.

Den Rüssel auf Höhe der Augen annähen.
Mit einem rosa Faden für die Wangen 2 kleine Linien neben jedes Auge sticken.
Mit einem schwarzen Faden 2 Augenbrauen (siehe Foto) und 1 leicht lächelnden Mund aufsticken. Dafür unterhalb des Rüssels beginnen und den Faden auf einer Seite etwas nach oben führen. Das obere Ende des rechten Ohres 6 M neben und 3 Rd über dem rechten Auge und das obere Ende des linken Ohres 5 M neben und 3 Rd über dem linken Auge platzieren.
An den Km, durch die sich die Ohren wölben, und 2 M darunter entlang einer senkrechten Linie von der Oberkante des Ohres aus annähen. Auf der Rückseite des Ohres dieses noch mit ein paar Stichen am Kopf fixieren.
Zum Schluss die Blume auf einem Ohr anbringen, und zwar zur Hälfte auf das Ohr und auf den Kopf nähen. Die Blume an ihrer Unterseite rundum festnähen und die restlichen weißen Fäden vernähen.

# Diana, die Giraffe

⏱ 8 Std.
📷 S. 18

**Maße**
Höhe: 33 cm

**Infos**
Alle Teile werden in Spiral-Rd gehäkelt. Kopf und Körper werden so gehäkelt, dass die Beine direkt angefügt werden. Dabei ist es notwendig, in jeder Rd sorgfältig die Maschen zu zählen, um keine zu vergessen.

**Material**
› Häkelnadel 3,0 mm
› 2 Sicherheitsaugen, ø 12 mm
› Baumwollgarn (100 % Baumwolle, LL 50 g/75 m), 55 g in Gelb, 25 g in Braun
› Baumwollgarn (100 % Baumwolle, LL 50 g/155 m), Rest in Weiß und in Schwarz

## BEINE 4×

In Braun häkeln.
**1. Rd:** 6 fM in einen Magic Ring (= 6 M).
**2. Rd:** 6 M zun (= 12 M).
**3. Rd:** 6x (1 fM, 1 M zun) (= 18 M).
**4. Rd:** 3x (5 fM, 1 M zun) (= 21 M).
**5. Rd:** 3x (5 fM, 1 M abn) (= 18 M).
**6. Rd:** 3x (2 fM, 1 M abn, 2 fM) (= 15 M).
In Gelb weiterhäkeln.
**7.–8. Rd:** 15 fM (= 15 M).
**9. Rd:** 3x (3 fM, 1 M abn) (= 12 M).
Die Beinenden ausstopfen, jedoch nicht zu fest, damit das Ende flach bleibt und nicht zu dick wird. Dann das restliche Bein nach und nach fest ausstopfen.
**10.–12. Rd:** 12 fM (= 12 M).
**13. Rd:** 3x (1 fM, 1 M abn, 1 fM) (= 9 M).
**14.–24. Rd:** 9 fM (= 9 M).
**25. Rd:** 3x (1 fM, 1 M zun, 1 fM) (= 12 M).
**26.–27. Rd:** 12 fM (= 12 M).
**28. Rd:** 3x (1 M zun, 3 fM) (= 15 M).
An jedem Bein mit 1 M-Markierer 1 M auf der 28. Rd markieren:
– die 4. M am 1. Bein,
– die 8. M am 2. Bein,
– die 12. M am 3. Bein,
– die 1. M am 4. Bein.
Die Stellen der einzelnen Beine für die Reihenfolge beim späteren Zusammenfügen notieren.

## KÖRPER UND HALS

In Gelb häkeln.
**1. Rd:** 5 fM in einen Magic Ring (= 5 M).
**2. Rd:** 5 M zun (= 10 M).
Dieser kleine Ring bildet den Bauch, an den die markierten M der Beine angefügt werden.
**3. Rd:** 1 fM, 1. Bein anfügen, 1 fM, 2. Bein anfügen, 1 fM, 3. Bein anfügen, 1 fM, 4. Bein anfügen, 1 fM (= 66 M).

*Die Beine wie folgt anfügen:* Die Häkel-Nd von hinten nach vorne in die 2 M-Glieder der M am Bauch stechen, dann in üblicher Richtung von vorn nach hinten in die beiden M-Glieder der markierten M am Bein und 1 fM häkeln (den Faden nach dem 1. U festziehen, damit kein Loch zwischen Bauch und Bein entsteht); 13 fM um das Bein häkeln; von hinten nach vorne in die 2 M-Glieder der nächsten M am Bein einstechen, dann wieder in die M am Bauch, wo das Bein befestigt wird, aber diesmal von vorne nach hinten und 1 fM häkeln, dabei den Faden straff ziehen.

**4. Rd:** 2x (1 fM, 1 M abn, 12 fM, 2 M abn, 12 fM, 1 M abn) (= 58 M).
**5. Rd:** 2x (1 M abn, 11 fM, 2 M abn, 12 fM) (= 52 M).
**6. Rd:** 1 M abn, 3x (9 fM, 2 M abn), 9 fM, 1 M abn (= 44 M).

**7. Rd:** 10 fM, 1 M abn, 20 fM, 1 M abn, 10 fM (= 42 M).
**8. Rd:** 25 fM, 2 M abn, 5 fM, 2 M abn, 4 fM (= 38 M).
**9. Rd:** 38 fM (= 38 M).
**10. Rd:** 5 fM, 1 M abn, 7 fM, 1 M abn, 9 fM, 1 M abn, 5 fM, 1 M abn, 4 fM (= 34 M).
**11. Rd:** 24 fM, 1 M abn, 2 fM, 1 M abn, 4 fM (= 32 M).
**12. Rd:** 24 fM, 2 M abn, 4 fM (= 30 M).
Mit dem Ausstopfen des Körpers beginnen, dabei auch die Enden der Beine gut ausstopfen.
**13. Rd:** 18 fM, 1 M abn, 5 M abn in hStb (= 24 M).
**14. Rd:** 18 fM, 3 M abn in hStb (= 21 M).
**15. Rd:** 1 M abn, 15 fM, 1 M abn, 1 M abn in hStb (= 18 M).
Nochmals ausstopfen.
**16. Rd:** 1 M abn in hStb, 12 fM, 1 M abn, 1 M abn in hStb (= 15 M).
**17. Rd:** 1 M abn in hStb, 9 fM, 1 M abn, 1 M abn in hStb (= 12 M).
**18. Rd:** 1 hStb, 11 fM (= 12 M).
**19.–29. Rd:** 12 fM (= 12 M).
**30. Rd:** 7 fM, 1 Km. Die restlichen M nicht häkeln (= 12 M).
Den Faden 40 cm lang abschneiden.

## HÖRNER 2 ×

In Braun häkeln.
**1. Rd:** 5 fM in einen Magic Ring (= 5 M).
**2. Rd:** 5 M zun (= 10 M).
**3.–4. Rd:** 10 fM (= 10 M).
Mit dem Ausstopfen beginnen und nach und nach Füllmaterial nachstopfen.
**5. Rd:** 5 M abn (= 5 M).
**6. Rd:** 5 fM (= 5 M).
**7. Rd:** 4 fM, 1 Km (= 5 M).
Den Faden 25 cm lang abschneiden.

## OHREN 2 ×

In Gelb häkeln.
**1. Rd:** 4 fM in einen Magic Ring (= 4 M).
**2. Rd:** 2x (1 M zun, 1 fM) (= 6 M).
**3. Rd:** 2x (1 fM, 1 M zun, 1 fM) (= 8 M).
**4. Rd:** 2x (3 fM, 1 M zun) (= 10 M).
**5. Rd:** 2x (2 fM, 1 M zun, 2 fM) (= 12 M).
**6. Rd:** 3x (3 fM, 1 M zun) (= 15 M).
**7. Rd:** 3x (2 fM, 1 M zun, 2 fM) (= 18 M).
**8.–9. Rd:** 18 fM (= 18 M).
**10. Rd:** 6x (1 fM, 1 M abn) (= 12 M).
**11. Rd:** 6 M abn (= 6 M).
**12. Rd:** 1 Km. Die restlichen M nicht häkeln (= 6 M).
Den Faden 25 cm lang abschneiden. Die Ohren flach legen, sodass sie sich leicht nach innen wölben.

### KOPF

In Gelb häkeln.
**1. Rd:** 1 Lm-Kette mit 6 Lm, 1 fM in die 2. M von der Häkel-Nd, 3 fM auf der Lm-Kette, 3 fM in die letzte M, 3 fM auf der anderen Seite der Lm-Kette, 2 fM in die letzte M (= 12 M).
**2. Rd:** 1 M zun, 3 fM, 3 M zun, 3 fM, 2 M zun (= 18 M).
**3. Rd:** 1 M zun, 6 fM, 3 M zun, 6 fM, 2 M zun (= 24 M).
**4. Rd:** 6x (1 M zun, 3 fM) (= 30 M).
**5. Rd:** 6x (2 fM, 1 M zun, 2 fM) (= 36 M).
**6.–12. Rd:** 36 fM (= 36 M).
**13. Rd:** 6x (5 fM, 1 M zun) (= 42 M).
Die Augen zwischen der 10. und 11. Rd in der 23. und 30. M platzieren. Mit etwas schwarzem Garn 2 Wimpern neben jedes Auge sticken, bevor die Scheiben auf der Rückseite festgesteckt werden. Das ist einfacher, als die Wimpern unter dem Plastikauge zu sticken. Die 1. Wimper 3 M neben und 1 Rd über dem Auge und die 2. Wimper 2 Rd darüber platzieren. In diese M und in den Augenwinkel, auf Höhe der M, in der das Sicherheitsauge steckt, einstechen.
**14. Rd:** 5 fM, 3 Lm, 9 M überspringen und 1 fM in die 10. M (an dem Loch, das sich hier bildet, wird später der Hals angenäht). In Braun weiterhäkeln: 27 Km in das hintere M-Glied (= 36 M).
**15. Rd:** 5 Km, 3 Km in die Lm, 1 Km 27 fM in das hintere M-Glied (= 36 M).
**16. Rd:** 9 fM in das hintere M-Glied, 27 fM in beide M-Glieder (= 36 M).
**17. Rd:** 3x (2 fM, 1 M abn), 24 fM (= 33 M).
**18. Rd:** 3x (1 fM, 1 M abn, 1 fM), 21 fM (= 30 M).
**19. Rd:** 6x (3 fM, 1 M abn) (= 24 M).
Mit dem Ausstopfen beginnen.
**20. Rd:** 6x (1 fM, 1 M abn, 1 fM) (= 18 M).
**21. Rd:** 6x (1 fM, 1 M abn) (= 12 M).
Den Kopf fertig ausstopfen.
**22. Rd:** 6 M abn (= 6 M).
Den Kopf schließen und den Faden vernähen.

### GROßE FLECKEN 4 ×

In Brau häkeln.
**1. Rd:** 5 fM in einen Magic Ring (= 5 M).
**2. Rd:** 5 M zun (= 10 M).
**3. Rd:** 1 Km. Die restlichen M nicht häkeln (= 10 M).
Den Faden 30 cm lang abschneiden.

### KLEINE FLECKEN 5 ×

In Braun häkeln.
6 fM in einen Magic Ring, 1 Km in die 1. M. Den Faden 25 cm lang abschneiden.

### SCHWANZ

In Gelb häkeln. 1 Lm-Kette mit 11 Lm häkeln. Den Faden 20 cm lang abschneiden.
Mit einer Woll-Nd 4 braune Fäden von je 10 cm Länge durch die 1. Lm der Lm-Kette ziehen. Die Fäden sollten auf beiden Seiten der Lm herunterhängen. Mit einem weiteren braunen Faden das so entstandene kleine Büschel umwickeln und mit einem Doppelknoten sichern. Die Enden in das Büschel stecken und die Fäden auf 1,5 cm zurückschneiden.

### ZUSAMMENSETZEN

Die Hörner an der 1. Rd des Kopfes annähen.
Die Ohren an der 6. Rd an beiden Seiten des Kopfes annähen.
Mit etwas weißem Garn 2 senkrechte Linien auf die braune Schnauze sticken, und zwar auf die 16. und 17. Rd, senkrecht unter den Augen.
Den Hals an dem beim Kopf entstandenen Loch annähen.
Den Schwanz zwischen der 8. und 9. Rd annähen.
Zum Schluss 9 Flecken wie zufällig über Körper und Hals verteilen und aufnähen.

# Willy, der Fuchs

🕐 5 Std. 30
📷 S. 20

**Maße**
Höhe: 25 cm

**Infos**
Körper und Bauch werden in geschlossenen Rd gehäkelt. Die Km am Rd-Ende und die Lm am Rd-Anfang werden aus Gründen der besseren Lesbarkeit nicht angeführt, **müssen aber bei jeder Rd gearbeitet werden**. Weitere Hinweise im Kapitel „Techniken", S. 27.
Die anderen Teile werden in Spiral-Rd gehäkelt.

**Material**
› Häkelnadel 3,5 mm
› 2 Sicherheitsaugen, ø 10 mm
› Baumwollmischgarn (55 % Baumwolle, 45 % Acryl, LL 50 g/85 m), 45 g in Orange, 15 g in Weiß, 10 g in Schwarz, 7 g in Blau
› Baumwollgarn (100 % Baumwolle, LL 50 g/130 m), Rest in Rot und in Schwarz

## OHREN 2×

In Schwarz häkeln.
**1. Rd:** 4 fM in einen Magic Ring (= 4 M).
**2. Rd:** 2x (1 M zun, 1 fM) (= 6 M).
In Orange weiterhäkeln.
**3. Rd:** 2x (1 M zun, 2 fM) (= 8 M).
**4. Rd:** 2x (1 M zun, 3 fM) (= 10 M).
**5. Rd:** 2x (2 fM, 1 M zun, 2 fM) (= 12 M).
**6. Rd:** 12 fM (= 12 M).
**7. Rd:** 1 Km. Die restlichen M nicht häkeln (= 12 M).
Den Faden 30 cm lang abschneiden.
Die Ohren flach legen.

## NASE

In Schwarz häkeln.
**1. Rd:** 4 fM in einen Magic Ring (= 4 M).
In Orange weiterhäkeln.
**2. Rd:** 2 M zun, 2 fM (= 6 M).
**3. Rd:** 1 fM, 2 M zun, 3 fM (= 8 M).
**4. Rd:** 2 fM, 2 M zun, 4 fM (= 10 M).
**5. Rd:** 2 fM, 3 M zun, 3 fM, 1 M zun, 1 fM (= 14 M).
**6. Rd:** 3 fM, 1 Km. Die restlichen M nicht häkeln (= 14 M).
Den Faden 30 cm lang abschneiden.

## KOPF

In Orange häkeln.
**1. Rd:** 6 fM in einen Magic Ring (= 6 M).
**2. Rd:** 6 M zun (= 12 M).
**3. Rd:** 6x (1 fM, 1 M zun) (= 18 M).
**4. Rd:** 6x (1 fM, 1 M zun, 1 fM) (= 24 M).
**5. Rd:** 6x (3 fM, 1 M zun) (= 30 M).
**6. Rd:** 6x (2 fM, 1 M zun, 2 fM) (= 36 M).
**7.–12. Rd:** 36 fM (= 36 M).
Die Augen zwischen der 11. und 12. Rd in der 14. und 23. M anbringen.
In Weiß weiterhäkeln.
**13. Rd:** 6x (2 fM, 1 M abn, 2 fM) (= 30 M).
**14. Rd:** 6x (3 fM, 1 M abn) (= 24 M).
Mit dem Ausstopfen des Kopfes beginnen.
**15. Rd:** 6x (1 fM, 1 M abn, 1 fM) (= 18 M).
**16. Rd:** 5x (1 M abn, 1 fM), 1 M abn, 1 Km (= 12 M).
Den Faden 30 cm lang abschneiden.
Den Kopf nochmals ausstopfen.

## ARME 2×

In Schwarz häkeln. Nicht ausstopfen.
**1. Rd:** 5 fM in einen Magic Ring (= 5 M).
**2. Rd:** 5 M zun (= 10 M).
**3. Rd:** 10 fM (= 10 M).
**4. Rd:** 8 fM, 1 M abn (= 9 M).

In Orange weiterhäkeln.
**5.–9. Rd:** 9 fM (= 9 M).
**10. Rd:** 1 M abn, 7 fM (= 8 M).
**11.–12. Rd:** 8 fM (= 8 M).
**13. Rd:** 1 M abn, 6 fM (= 7 M).
**14. Rd:** 7 fM (= 7 M).
In Blau weiterhäkeln.
**15. Rd:** 7 fM (= 7 M).
In Weiß weiterhäkeln.
**16. Rd:** 1 M abn, 5 fM (= 6 M).
In Blau weiterhäkeln.
**17. Rd:** 4 fM, 1 Km. Die restlichen M nicht häkeln (= 6 M).
Den blauen Faden lang abschneiden. Die anderen Fäden abschneiden und vernähen. Die Arme so flach legen, dass 3 saubere Streifen in Blau, Weiß und Blau auf der Vorder- und Rückseite der Arme zu sehen sind.

### SCHWANZ
In Weiß häkeln.
**1. Rd:** 4 fM in einen Magic Ring (= 4 M).
**2. Rd:** 2x (1 M zun, 1 fM) (= 6 M).
**3. Rd:** 3x (1 M zun, 1 fM) (= 9 M).
**4. Rd:** 3x (1 fM, 1 M zun, 1 fM) (= 12 M).
**5. Rd:** 4x (1 fM, 1 M zun, 1 fM) (= 16 M).
**6. Rd:** 4x (3 fM, 1 M zun) (= 20 M).
**7.–9. Rd:** 20 fM (= 20 M).
**10. Rd:** 4x (3 fM, 1 M abn) (= 16 M).
In Orange weiterhäkeln.
**11.–14. Rd:** 16 fM (= 16 M).
Mit dem Ausstopfen des Schwanzes beginnen.
**15. Rd:** 2x (3 fM, 1 M abn, 3 fM) (= 14 M).
**16. Rd:** 14 fM (= 14 M).
**17. Rd:** 2x (5 fM, 1 M abn) (= 12 M).
**18. Rd:** 12 fM (= 12 M).
Weiter etwas Füllmaterial nachstopfen.
**19. Rd:** 3x (1 fM, 1 M abn, 1 fM) (= 9 M).
**20. Rd:** 9 fM (= 9 M).
**21. Rd:** 3x (1 fM, 1 M abn) (= 6 M).
Noch etwas Füllmaterial nachstopfen, dann nicht mehr weiter ausstopfen.

**22.–23. Rd:** 6 fM (= 6 M).
**24. Rd:** 5 fM, 1 Km (= 6 M).
Den Faden 25 cm lang abschneiden.

### BEINE 2 ×
In Schwarz häkeln. Nach und nach ausstopfen.
**1. Rd:** 5 fM in einen Magic Ring (= 5 M).
**2. Rd:** 5 M zun (= 10 M).
**3.–6. Rd:** 10 fM (= 10 M).
In Orange weiterhäkeln.
**7.–20. Rd:** 10 fM (= 10 M).
**21. Rd:** 5 fM, 1 Km. Die restlichen M nicht häkeln (= 10 M).
Am Ende des 1. Beins den Faden unsichtbar vernähen. Die 1. M der 21. Rd markieren. Am Ende des 2. Beins den Faden nicht abschneiden, weil der Bauch damit weitergehäkelt wird.

### KÖRPER
Mit dem Faden des 2. Beins weiterhäkeln. 1 Lm-Kette mit 4 Lm und 1 Km in die markierte M des 1. Beins häkeln und so die Beine aneinanderfügen. Darauf achten, dass sich die Lm-Kette nicht verdreht. Von jetzt an den Körper in geschlossenen Rd häkeln und die Rd immer mit 1 Km beenden.
**1. Rd:** 1 fM in dieselbe M wie die Km (diese fM als 1. M der Rd markieren), 3 fM, 1 M zun, 5 fM, 4 fM in 1 M-Glied auf der Lm-Kette, 1 fM in dieselbe M wie die Km am Anfang, 3 fM, 1 M zun, 4 fM, 4 fM in das andere M-Glied der Kette (= 30 M).
**2.–3. Rd:** 30 fM (= 30 M).
**4. Rd:** 4 fM, 1 M abn, 14 fM, 1 M abn, 8 fM (= 28 M).
**5. Rd:** 28 fM (= 28 M).
**6. Rd:** In Blau: 28 fM (= 28 M).
**7. Rd:** In Weiß: 4 fM, 1 M abn, 12 fM, 1 M abn, 8 fM (= 26 M).
**8. Rd:** In Blau: 26 fM (= 26 M).
**9. Rd:** In Weiß: 26 fM (= 26 M).
**10. Rd:** In Blau: 3 fM, 1 M abn, 12 fM, 1 M abn, 7 fM (= 24 M).

**11. Rd:** In Weiß: 24 fM (= 24 M).
**12. Rd:** In Blau: 24 fM (= 24 M).
Mit dem Ausstopfen des Bauches beginnen, den Beinansatz dabei fest ausstopfen.
**13. Rd:** In Weiß: 3x (3 fM, 1 M abn, 3 fM) (= 21 M).
**14. Rd:** In Blau: 3x (5 fM, 1 M abn) (= 18 M).
**15. Rd:** In Orange: 6x (1 fM, 1 M abn) (= 12 M).
Den Faden abschneiden und unsichtbar vernähen, ohne den Körper zu schließen. Kein Füllmaterial mehr nachstopfen.

### ZUSAMMENSETZEN

Die Unterkante des rechten Ohrs zwischen der 7. und 8. Rd 4 M neben dem Auge anbringen, die Unterkante des linken Ohrs auf derselben Höhe 3 M neben dem Auge. So annähen, dass sich die Ohren leicht wölben.
Die Oberkante der Schnauze zwischen der 10. und 11. Rd anbringen. Vor den letzten Stichen leicht ausstopfen.
Mit einem schwarzen Faden aus dem Baumwollgarn 2 kleine Augenbrauen über die 9. Rd über den Augen aufsticken; außerdem einen lächelnden Mund über die 15. Reihe, von der Mitte aus zu den Seiten hin jeweils leicht nach oben gezogen.

# Louis, der Tukan

⏱ 5 Std. 30
📷 S. 22

**Maße**
Höhe: 12 cm
Länge: 18 cm

**Infos**
Alle Teile werden in Spiral-Rd gehäkelt. Bei diesem Amigurumi werden oft die Farben gewechselt, daher muss genau auf die Farbangaben geachtet werden.

**Material**
› Häkelnadel 3,0 mm
› 2 Sicherheitsaugen, ø 10 mm, in Blau und Schwarz
› Baumwollgarn (100 % Baumwolle, LL 50 g/75 m), 50 g in Schwarz, 10 g in Weiß, 5 g in Rot, 5 g in Gelb, 5 g in Hellrot, 8 g in Hellgrün, 8 g in Dunkelgrün

### SCHNABEL

In Rot häkeln.
**1. Rd:** 6 fM in einen Magic Ring (= 6 M).
**2. Rd:** 6 M zun (= 12 M).
**3. Rd:** 6 fM, 3x (1 M zun, 1 fM) (= 15 M).
**4. Rd:** 15 fM (= 15 M).
**5. Rd:** 5 fM, 3x (1 fM, 1 M zun, 1 fM) (= 18 M).
**6. Rd:** 18 fM (= 18 M).
**7. Rd:** 6 fM, 3x (3 fM, 1 M zun) (= 21 M).
**8. Rd:** 3 fM; in Gelb weiterhäkeln: 1 M abn, 16 fM (= 20 M).
**9. Rd:** 20 fM (= 20 M).
**10. Rd:** 13 fM; in Hellgrün: 1 M zun; in Gelb: 6 fM (= 21 M).
**11.–12. Rd:** 12 fM; in Hellgrün: 4 fM; in Gelb: 5 fM (= 21 M).
Mit dem Ausstopfen beginnen.
**13. Rd:** 3 fM; in Hellrot: 9 fM; in Dunkelgrün: 3 fM, 1 M zun; in Hellrot: 5 fM (= 22 M).
**14. Rd:** 12 fM; in Dunkelgrün: 5 fM; in Hellrot: 5 fM (= 22 M).
**15. Rd:** 2 fM, 1 M abn, 8 fM; in Dunkelgrün:

5 fM; in Hellrot: 5 fM (= 21 M).
**16.–17. Rd:** 11 fM; in Dunkelgrün: 5 fM; in Hellrot: 5 fM (= 21 M).
**18. Rd:** 3 fM; in Schwarz: 5 fM, 11 hStb, 1 fM, 1 Km (= 21 M).
**19. Rd:** 4 Km. Die restlichen M nicht häkeln (= 21 M).
Den Faden 40 cm lang abschneiden.
Nochmals ausstopfen.

## KÖRPER

In Schwarz häkeln.
**1. Rd:** 6 fM in einen Magic Ring (= 6 M).
**2. Rd:** 6 M zun (= 12 M).
**3. Rd:** 6x (1 fM, 1 M zun) (= 18 M).
**4. Rd:** 6x (1 fM, 1 M zun, 1 fM) (= 24 M).
**5. Rd:** 1 M zun, 3 fM, 1 M zun; in Hellgrün: 13 fM; in Schwarz: 1 fM, 1 M zun, 3 fM, 1 M zun (= 28 M).
**6. Rd:** 3 fM, 1 M zun, 2 fM; in Hellgrün: 1 fM, 2x (3 fM, 1 M zun, 3 fM); in Schwarz: 3 fM, 1 M zun, 3 fM (= 32 M).
**7. Rd:** 2 fM, 1 M zun, 4 fM; in Hellgrün: 1 M zun, 17 fM; in Schwarz: 1 M zun, 3 fM, 1 M zun, 2 fM (= 36 M).
**8. Rd:** 7 fM; in Hellgrün: 21 fM; in Schwarz: 8 fM (= 36 M).
**9. Rd:** 4 fM, 1 M zun, 2 fM; in Hellgrün: 6 fM, 1 M zun, 8 fM, 1 M zun, 5 fM; in Schwarz: 3 fM, 1 M zun, 4 fM (= 40 M).
**10 Rd:** 8 fM; in Hellgrün: 23 fM; in Schwarz: 9 fM (= 40 M).
Die Augen zwischen der 8. und 9. Rd in der 12. und 24. M anbringen.
**11. Rd:** 2 fM, 1 M zun, 5 fM; in Weiß: 1 M zun, 23 fM; in Schwarz: 1 fM in dieselbe M, 5 fM, 1 M zun, 2 fM (= 44 M).
**12. Rd:** 9 fM; in Weiß: 25 fM; in Schwarz: 10 fM (= 44 M).
**13. Rd:** 8 fM, 1 M zun; in Weiß: 2 fM, 4x (2 fM, 1 M zun, 2 fM), 2 fM, 1 M zun; in Schwarz: 10 fM (= 50 M).
**14. Rd:** 11 fM; in Weiß: 28 fM; in Schwarz: 11 fM (= 50 M).
**15. Rd:** 12 fM; in Weiß: 26 fM; in Schwarz: 12 fM (= 50 M).
**16. Rd:** 14 fM; in Weiß: 3 fM; 1 M zun; 7 fM, 1 M zun, 6 fM, 1 M zun, 3 fM; in Schwarz: 14 fM (= 53 M).
**17. Rd:** 16 fM; in Weiß: 21 fM; in Schwarz: 16 fM (= 53 M).
**18. Rd:** 18 fM; in Weiß: 17 fM; in Schwarz: 18 fM (= 53 M).
**19. Rd:** 20 fM; in Weiß: 13 fM; in Schwarz: 20 fM (= 53 M).
**20.–22. Rd:** 53 fM (= 53 M).
**23. Rd:** 47 fM, 1 M abn, 4 fM (= 52 M).
**24. Rd:** 1 M abn, 4 fM, 1 M abn, 44 fM (= 50 M).
**25. Rd:** 50 fM (= 50 M).
**26. Rd:** 19 fM, 1 M abn, 9 fM, 1 M abn, 18 fM (= 48 M).
**27.–28. Rd:** 48 fM (= 48 M).
**29. Rd:** 6x (3 fM, 1 M abn, 3 fM) (= 42 M).
**30. Rd:** 6x (5 fM, 1 M abn) (= 36 M).
Mit dem Ausstopfen beginnen.
**31. Rd:** 6x (2 fM, 1 M abn, 2 fM) (= 30 M).
**32. Rd:** 6x (3 fM, 1 M abn) (= 24 M).
Weiter ausstopfen.
**33. Rd:** 6x (1 fM, 1 M abn, 1 fM) (= 18 M).
**34. Rd:** 6x (1 fM, 1 M abn) (= 12 M).
Zum letzten Mal ausstopfen.
**35. Rd:** 6 M abn (= 6 M).
Den Körper schließen und den Faden vernähen. Zum Schluss nicht zu fest ausstopfen, damit die letzten 5 Rd flach bleiben. Wenn der Körper zu fest ausgestopft wird und sich unten zu stark wölbt, kann sich der Tukan nicht aufrecht halten.

## FLÜGEL 2 x

In Schwarz häkeln. Nicht ausstopfen.
**1. Rd:** 6 fM in einen Magic Ring, dabei den Anfangsfaden 30 cm lang stehen lassen und seitlich herausführen, damit der Flügel später damit angenäht werden kann (= 6 M).
**2. Rd:** 6 M zun (= 12 M).
**3. Rd:** 6x (1 fM, 1 M zun) (= 18 M).
**4.–7. Rd:** 18 fM (= 18 M).
**8. Rd:** 2x (1 M abn, 7 fM) (= 16 M).

**9.–10. Rd:** 16 fM (= 16 M).
**11. Rd:** 8 fM, 1 M abn, 6 fM (= 15 M).
**12. Rd:** 8 fM, 1 M abn, 5 fM (= 14 M).
**13. Rd:** 7 fM, 1 M abn, 5 fM (= 13 M).
**14. Rd:** 7 fM, 1 M abn, 4 fM (= 12 M).
**15. Rd:** 6 fM, 1 M abn, 4 fM (= 11 M).
**16. Rd:** 6 fM, 1 M abn, 3 fM (= 10 M).
**17. Rd:** 5 fM, 1 M abn, 3 fM (= 9 M).
**18. Rd:** 5 fM, 1 M abn, 2 fM (= 8 M).
**19. Rd:** 5 fM, 1 M abn, 1 fM (= 7 M).
**20. Rd:** 4 fM, 1 M abn, 1 fM (= 6 M).
**21. Rd:** 2 fM. Die restlichen M nicht häkeln (= 6 M).
Den Flügel schließen und den Faden vernähen.

## SCHWANZ

### 1. Teil
In Hellgrün häkeln.
**1. Rd:** 5 fM in einen Magic Ring (= 5 M).
**2. Rd:** 5 M zun (= 10 M).
**3. Rd:** 5x (1 fM, 1 M zun) (= 15 M).
**4. Rd:** 5x (1 fM, 1 M zun, 1 fM) (= 20 M).
**5.–6. Rd:** 20 fM (= 20 M).
**7. Rd:** 19 fM, 1 Km (= 20 M).
Den Faden unsichtbar vernähen. Das Teil flach legen, sodass die 10. und 11. M der 7. Rd übereinanderliegen, und diese beiden M zus markieren.

### 2. Teil
In Dunkelgrün häkeln.
Die 1.–4. Rd des 1. Teils wdh.
**5.–9. Rd:** 20 fM (= 20 M).
**10. Rd:** 19 fM, 1 Km (= 20 M).
Den Faden unsichtbar vernähen. Das Teil flach legen, sodass die 1. und 2. M der 10. Rd übereinanderliegen, und diese beiden M zus markieren.

### 3. Teil
In Schwarz häkeln.
**1. Rd:** Einen Faden durch die 2 markierten M des dunkelgrünen Teils ziehen, 1 Lm, 1 fM in dieselben M (diese M wird die 1. M der Rd), mit 9 fM beide Schichten zushäkeln, 1 fM in die markierten M des hellgrünen Teils, mit 9 fM beide Schichten zushäkeln (= 20 M). Vor den letzten M nach Belieben die grünen Teile leicht ausstopfen.
**2.–5. Rd:** 20 fM (= 20 M).
**6. Rd:** 2x (4 fM, 1 M abn, 4 fM) (= 18 M).
**7.–8. Rd:** 18 fM (= 18 M).
**9. Rd:** 11 fM, dann das Teil flach legen und mit der Häkel-Nd in die folgende M (12. M der 8. Rd) und vorherige M (10. M der 9. Rd) einstechen, 1 fM durch beide Schichten, mit 7 fM beiden Schichten zushäkeln (= 8 M).
Den Faden 40 cm lang abschneiden.

## ZUSAMMENSETZEN

Den Schnabel zwischen den Augen platzieren, die Oberkante zwischen der 4. und 5. Rd, die Unterkante zwischen der 10. und 11. Rd des Körpers. Rundum annähen, dabei falls nötig vor den letzten Stichen noch Füllmaterial nachstopfen. Die Unterkante des Schwanzes an der 29. Rd des Körpers platzieren. Darauf achten, dass er in der Mitte des Rückens in einer Linie mit dem Schnabel liegt. Den schwarzen Teil rundum über 5 Rd annähen.

Die Oberkante der Flügel zwischen der 16. und 17. Rd platzieren. Das abgerundete Ende entlang des Übergangs zwischen den schwarzen und weißen M anbringen, die Flügelspitze zeigt dabei nach hinten und hat Kontakt mit dem Boden, wenn der Tukan steht. Die Flügel sind asymmetrisch, daher darauf achten, dass sie mit der Rundung in der richtigen Richtung liegen. Für ein symmetrisches Ergebnis die Flügel vor dem Annähen mit Stecknadeln fixieren. Um die Rundung über 7 Rd annähen.

# Sukkulente Echeveria

⏱ 2 Std.
📷 S. 24

**Maße**
Höhe: 10 cm
Durchmesser: 10 cm

**Infos**
Alle Teile werden in geschlossenen Rd gehäkelt. Die Km am Rd-Ende und die Lm am Rd-Anfang werden aus Gründen der besseren Lesbarkeit nicht angeführt, **müssen aber bei jeder Rd gearbeitet werden**. Weitere Hinweise im Kapitel „Techniken", S. 27.

**Material**
› Häkelnadel 3,5 mm
› 1 Tontopf, ø 5,8 cm (Außenmaß der Oberkante). Wenn ein anderes Garn verwendet wird, die Topfgröße anpassen.
› Baumwollgarn (100 % Baumwolle, LL 50 g/75 m), 20 g in Grün, 8 g in Weiß
› Metallicgarn (60 % Viskose, 40 % Polyester, LL 20 g/150 m), etwa 10 m in Gold

### BLÄTTER, 1. TEIL
In Grün häkeln.
**1. Rd:** 6 fM in einen Magic Ring, dabei den Anfangsfaden 25 cm lang stehen lassen (= 6 M).
**2. Rd:** 3x (Lm-Kette mit 4 Lm, 1 fM in die 2. M von der Häkel-Nd, dann auf der Lm-Kette wie folgt weiterhäkeln: 1 hStb, 1 fM; 1 Km in die folgende M der 1. Rd, 1 Km). Beim 3. Mal die letzte Km in die 1. M der 1. Rd häkeln.
**3. Rd:** Auf der gegenüberliegenden Seite der Blätter häkeln: (1 fM, 1 hStb, 1 fM), dann entlang der Hälfte der zuvor gehäkelten M zurückhäkeln: (1 Km in die 1. M, 1 Lm, 1 Km in dieselbe M, 1 Km in die folgenden 2 M); 1 Km in die folgenden 2 M, für 3 Blätter 3x (in die M der 1. Rd über den Km der 2. Rd einstechen). Am Ende des 3. Blatts nur 1 Km häkeln.
Den Faden 15 cm lang abschneiden, mit einer Wollnadel auf die Rückseite ziehen, verknoten und abschneiden.

### BLÄTTER, 2. TEIL
In Grün häkeln.
**1. Rd:** 6 fM in einen Magic Ring (= 6 M).
**2. Rd:** 6 M zun (= 12 M).
**3. Rd:** 6x (Lm-Kette mit 5 Lm, 1 fM in die 2. M von der Häkel-Nd, dann auf der Lm-Kette wie folgt weiterhäkeln: 1 hStb, 1 Stb, 1 hStb; 1 Km in die folgende M der 1. Rd, 1 Km). Beim 6. Mal am Ende nur 1 Km; keine Km zum Beenden der Rd.
**4. Rd:** Keine Lm am Rd-Beginn. Auf der gegenüberliegenden Seite der Blätter häkeln: (1 hStb, 1 Stb, 1 hStb, 1 fM, 1 Pikot), dann entlang der Hälfte der zuvor gehäkelten M zurückhäkeln und 4 Km häkeln; 1 Km in die folgende M (in die M der 2. Rd, über der Km der 3. Rd einstechen), die folgenden M der 3. Rd überspringen.
Wdh und so 6 Blätter häkeln.
Den Faden 15 cm lang abschneiden. Mit einer Wollnadel auf die Rückseite ziehen, verknoten und abschneiden.

### BLÄTTER, 3. TEIL
In Grün häkeln.
**1. Rd:** 6 fM in einen Magic Ring (= 6 M).
**2. Rd:** 6 M zun (= 12 M).
**3. Rd:** 6x (Lm-Kette mit 6 Lm, 1 fM in die 2. M von der Häkel-Nd, dann auf der Lm-Kette: 1 hStb, 2 Stb, 1 hStb; 1 Km in die folgende M der 1. Rd, 1 Km). Beim 6. Mal am Ende nur 1 Km, die Km zum Beenden der Rd nicht häkeln.
**4. Rd:** Die Lm zum Rd-Beginn nicht häkeln. [Auf der gegenüberliegenden Seite der Blätter häkeln: (1 hStb, 2 Stb, 1 hStb, 1 fM, 1 Pikot),

dann entlang der Hälfte der zuvor gehäkelten M zurückhäkeln und 5 Km häkeln; 1 Km in die folgende M (in die M der 2. Rd über der Km der 3. Rd einstechen), die folgende M auf der 3. Rd überspringen.] Wdh und so 6 Blätter häkeln.
Den Faden 15 cm lang abschneiden. Mit einer Wollnadel auf die Rückseite ziehen, verknoten und abschneiden.

### BLÄTTER, 4. TEIL
In Grün häkeln.
**1. Rd:** 6 fM in einen Magic Ring (= 6 M).
**2. Rd:** 6 M zun (= 12 M).
**3. Rd:** 6x (1 fM, 1 M zun) (= 18 M).
**4. Rd:** 6x (Lm-Kette mit 6 Lm, 1 fM in die 2. M von der Häkel-Nd, dann auf der Lm-Kette: 1 hStb, 2 Stb, 1 hStb; 1 Km in die folgende M der 1. Rd, 2 Km). Beim 6. Mal 1 Km weniger häkeln und die Km zum Beenden der Rd auslassen.
**5. Rd:** Die Lm am Rd-Beginn nicht häkeln. [Auf der gegenüberliegenden Seite der Blätter häkeln: (1 hStb, 2 Stb, 1 hStb, 1 fM, 1 Pikot), dann auf der Hälfte der zuvor gehäkelten M 5 Km zurückhäkeln, 1 Km in die folgenden 2 M (in die M der 3. Rd über den Km der 4. Rd einstechen), die folgenden M der 4. Rd überspringen.] Wdh und so 6 Blätter häkeln.
Den Faden 15 cm lang abschneiden. Mit einer Wollnadel auf die Rückseite ziehen, verknoten und abschneiden.

### BLÄTTER, 5. TEIL
In Grün häkeln.
**1. Rd:** 6 fM in einen Magic Ring, dabei den Anfangsfaden 15 cm lang stehen lassen (= 6 M).
**2. Rd:** 6 M zun (= 12 M).
**3. Rd:** 6x (1 fM, 1 M zun) (= 18 M).
Mit 1 M-Markierer das hintere M-Glied der 1. M in der 3. Rd für die Erde markieren.
**4. Rd:** Im Folgenden nur auf den vorderen M-Gliedern der 3. Rd häkeln. 6x (Lm-Kette mit 8 Lm, 1 fM in die 2. M von der Häkel-Nd, dann auf der Lm-Kette: 1 hStb, 1 Stb, 2 DStb, 1 Stb, 1 hStb; 1 Km in die folgende M auf der 3. Rd, 2 Km). Beim 6. Mal 1 Km weniger häkeln und die Km zum Beenden der Rd auslassen.
**5. Rd:** Die Lm am Rd-Beginn nicht häkeln. [Auf der gegenüberliegenden Seite der Blätter häkeln: (1 hStb, 1 Stb, 2 DStb, 1 Stb, 1 hStb, 1 fM, 1 Pikot), dann auf der Hälfte der zuvor gehäkelten M 7 Km zurückhäkeln; 1 Km in die 2 folgenden M (in die M der 3. Rd über den M der 4. Rd einstechen), die folgende M der 4. Rd überspringen.]
Wdh und so 6 Blätter häkeln. Den Faden 15 cm lang abschneiden. Mit einer Wollnadel auf die Rückseite ziehen, verknoten und abschneiden.

### ZUSAMMENSETZEN
Mit einer Wollnadel den Anfangsfaden des 1. Teils jeweils durch die Mitte der anderen Teile ziehen, sodass sich die Teile fortschreitend überlappen. Den Faden mit dem Anfangsfaden des 5. Teils der Blätter auf der Rückseite verknoten. Den Knoten festziehen, damit die einzelnen Blattteile fest aneinander sitzen.

### ERDE
In Weiß und Gold häkeln (mit beiden Fäden zus häkeln).
**1. Rd:** Diese Rd in das hintere M-Glied der M der 3. Rd vom 5. Teil der Blätter häkeln. Den Faden durch die markierte M ziehen (im 5. Teil). 1 fM in dieselbe M, 1 M zun, 1 fM, 5x (1 fM, 1 M zun, 1 fM) (= 24 M).
**2. Rd:** 6x (3 fM, 1 M zun) (= 30 M).
**3.–4. Rd:** 30 fM (= 30 M).
**5. Rd:** 6x (3 fM, 1 M abn) (= 24 M).
**6. Rd:** 3x (5 fM, 1 M abn, 1 fM) (= 21 M).
**7. Rd:** 3x (1 fM, 1 M abn, 4 fM) (= 18 M).
Mit dem Ausstopfen beginnen.
**8. Rd:** 6x (1 fM, 1 M abn) (= 12 M).
**9. Rd:** 6 M abn (= 6 M).
Nochmals ausstopfen. Die Erde schließen und die Fäden vernähen.

# Erbsenpflanze

⏱ 4 Std. 30
📷 S. 25

**Maße**
Höhe: 23 cm
Breite: 8 cm

**Infos**
Die Erde wird in Spiral-Rd gehäkelt. Die Anleitung für die erbsenförmigen Stängel kann man exakt befolgen, aber sie können auch mehr oder weniger länglich oder dick gefertigt werden. Zudem kann man mehr oder weniger davon häkeln.

**Material**
› Häkelnadel 2,5 mm
› 1 Tontopf, ø 7 cm (Außenmaß der Oberkante). Wenn ein anderes Garn verwendet wird, die Topfgröße anpassen.
› Baumwollgarn (100 % Baumwolle, LL 50 g/155 m), 35 g in Grün, 15 g in Braun

### STÄNGEL A 6 ×
In Grün häkeln.
3 Lm, dabei den Anfangsfaden zum leichteren Vernähen 10 cm stehen lassen, 14x (5 Stb in die 3. M von der Häkel-Nd, 1 Km in das 1. Stb, sodass sich eine Kugel bildet, 5 Lm).
Den Faden 10 cm lang abschneiden. Mit einer Wollnadel den Anfangsfaden vernähen und dafür 2x in die 1. Kugel stecken.

### STÄNGEL B 4 ×
In Grün häkeln.
3 Lm, dabei den Anfangsfaden zum leichteren Vernähen 10 cm stehen lassen, 14x (5 Stb in die 3. M von der Häkel-Nd, 1 fM in das 1. Stb, sodass sich eine Kugel bildet, 4 Lm).
Den Faden 10 cm lang abschneiden. Mit einer Wollnadel den Anfangsfaden vernähen und dafür 2x in die 1. Kugel stecken.

### STÄNGEL C 4 ×
In Grün häkeln.
3 Lm, dabei den Anfangsfaden zum leichteren Vernähen 10 cm stehen lassen, 14x (4 hStb in die 3. M von der Häkel-Nd, 1 Km in das 1. hStb, sodass sich eine Kugel bildet, 7 Lm).
Den Faden 10 cm lang abschneiden. Mit einer Wollnadel den Anfangsfaden vernähen und dafür 2x in die 1. Kugel stecken.

### STÄNGEL D 6 ×
In Grün häkeln.
3 Lm, dabei den Anfangsfaden zum leichteren Vernähen 10 cm stehen lassen, 12x (4 hStb in die 3. M von der Häkel-Nd, 1 Km in das 1. hStb, sodass sich eine Kugel bildet, 4 Lm).
Den Faden 10 cm lang abschneiden. Mit einer Wollnadel den Anfangsfaden vernähen und dafür 2x in die 1. Kugel stecken.

### STÄNGEL E 4 ×
In Grün häkeln.
3 Lm, dabei den Anfangsfaden zum leichteren Vernähen 10 cm stehen lassen, 7x (5 hStb in die 3. M von der Häkel-Nd, 1 Km in das 1. hStb, sodass sich eine Kugel bildet, 6 Lm).
Den Faden 10 cm lang abschneiden. Mit einer Wollnadel den Anfangsfaden vernähen und dafür 2x in die 1. Kugel stecken.

## ERDE

In Braun häkeln.
**1. Rd:** 6 fM in einen Magic Ring (= 6 M).
**2. Rd:** 6 M zun (= 12 M).
**3. Rd:** 6x (1 fM, 1 M zun) (= 18 M).
**4. Rd:** 6x (1 fM, 1 M zun, 1 fM) (= 24 M).
**5. Rd:** 6x (3 fM, 1 M zun) (= 30 M).
**6. Rd:** 6x (2 fM, 1 M zun, 2 fM) (= 36 M).
**7. Rd:** 6x (5 fM, 1 M zun) (= 42 M).
**8. Rd:** 6x (3 fM, 1 M zun, 3 fM) (= 48 M).
**9. Rd:** 6x (1 fM, 1 M zun) (= 54 M).
**10. Rd:** 6x (4 fM, 1 M zun, 4 fM) (= 60 M).
**11. Rd:** 6x (4 fM, 1 M abn, 4 fM) (= 54 M).
**12. Rd:** 3x (16 fM, 1 M abn) (= 51 M).
**11. Rd:** 3x (7 fM, 1 M abn, 8 fM) (= 48 M).
**14. Rd:** 48 fM (= 48 M).

Bevor die Erde weitergehäkelt wird, die Blätter anbringen. Diese wie zufällig zwischen der 1. und 7. Rd der Erde platzieren. Die Fäden der Blätter auf die Innenseite der Erde ziehen und dort verknoten. Wenn alle Blätter befestigt sind, weiterhäkeln.

**15. Rd:** 3x (11 fM, 1 M abn, 3 fM) (= 45 M).
**16. Rd:** 45 fM (= 45 M).
**17. Rd:** 3x (3 fM, 1 M abn, 10 fM) (= 42 M).
**18. Rd:** 42 fM (= 42 M).
**19. Rd:** 3x (12 fM, 1 M abn) (= 39 M).
**20. Rd:** 3x (5 fM, 1 M abn, 6 fM) (= 36 M).
**21. Rd:** 6x (2 fM, 1 M abn, 2 fM) (= 30 M).

Mit dem Ausstopfen beginnen.
**22. Rd:** 6x (3 fM, 1 M abn) (= 24 M).
**23. Rd:** 6x (1 fM, 1 M abn, 1 fM) (= 18 M).

Nochmals ausstopfen.
**24. Rd:** 6x (1 fM, 1 M abn) (= 12 M).
**25. Rd:** 6 M abn (= 6 M).

Nochmals ausstopfen, die Arbeit schließen und den Faden vernähen.

# Mexikanischer Kaktus

⏱ 2 Std. 30
📷 S. 24

**Maße**
Höhe: 16,5 cm
Breite: 11 cm

**Infos**
Alle Teile werden in Spiral-Rd gehäkelt.

**Material**
› Häkelnadel 3,0 mm
› 1 Tontopf, ø 5,8 cm (Außenmaß der Oberkante). Wenn ein anderes Garn verwendet wird, die Topfgröße anpassen. Der Kaktus soll im Topf stecken bleiben.
› Baumwollgarn (100 % Baumwolle, LL 50 g/75 m), 35 g in Grün
› Metallicgarn (60 % Viskose, 40 % Polyester, LL 20 g/150 m), Rest in Gold

## STIEL

In Grün häkeln.
Nach und nach ausstopfen.
**1. Rd:** 6 fM in einen Magic Ring (= 6 M).
**2. Rd:** 6 M zun (= 12 M).
**3. Rd:** 6x (1 fM, 1 M zun) (= 18 M).
**4. Rd:** 3x (1 fM, 1 M zun, 4 fM) (= 21 M).
**5. Rd:** 3x (5 fM, 1 M zun, 1 fM) (= 24 M).
**6.–34. Rd:** 24 fM (= 24 M). Je nach gewünschter Höhe können etwas mehr oder weniger Rd gehäkelt werden.
**35. Rd:** 3x (5 fM, 1 M abn, 1 fM) (= 21 M).
**36. Rd:** 3x (1 fM, 1 M abn, 4 fM) (= 18 M).
**37. Rd:** 6x (1 fM, 1 M abn) (= 12 M).
**38. Rd:** 6 M abn (= 6 M).
Den Stiel schließen und den Faden vernähen. Mit einem Goldfaden in regelmäßigen Abständen kleine Vs auf den Teil des Stiels sticken, der aus dem Topf herausschauen wird. Die Fäden vernähen.

In Grün häkeln.
**1. Rd:** 6 fM in einen Magic Ring (= 6 M).
**2. Rd:** 6 M zun (= 12 M).
**3. Rd:** 6x (1 fM, 1 M zun) (= 18 M).
1 Lm-Kette mit 3 Lm häkeln. Die folgende M markieren.
**1. Hälfte:**
**4a. Rd:** 9 M überspringen (einschließlich der soeben markierten) und 1 fM in die 10. M häkeln. Diese wie die 1. M der Rd markieren. Jetzt ist die Arbeit in 2 Teile geteilt, beiden Hälften werden nacheinander gehäkelt. Die beiden Markierer zeigen jeweils die 1. M der Rd. Weiterhäkeln mit 8 fM, 3 fM in das hintere M-Glied auf der Lm-Kette (= 12 M).
**5a.–8a. Rd:** 12 fM (= 12 M).
Die 1. Hälfte ausstopfen.
**9a. Rd:** 6 M abn (= 6 M).
Den Zweig schließen und den Faden vernähen.
**2. Hälfte:**
Einen Faden in die markierte M ziehen.
**4b. Rd:** 1 Lm, 1 fM in dieselbe M, 8 fM, 3 fM auf der anderen Seite der nach der 3. Rd angefertigten Lm-Kette (in das vordere M-Glied) (= 12 M).
**5b.–7b. Rd:** 12 fM (= 12 M).
**8b. Rd:** 8 fM, 1 Km. Die restlichen 3 M nicht häkeln (= 12 M).
Den Faden zum Annähen 30 cm lang abschneiden. Den Zweig nochmals ausstopfen. Mit einem Goldfaden 4 oder 5 kleine Vs auf jeden Zweig sticken. Die Fäden vernähen.

## ZUSAMMENSETZEN

Die Zweige an gegenüberliegenden Seiten des Kaktusstiels annähen.
Die Oberkante des einen zwischen der 12. und 13. und die des anderen zwischen der 16. und 17. Rd platzieren.

63

## DANKSAGUNG

Lilou, meine Perle, du hast ohne es zu wissen meine kleine Welt auf den Kopf gestellt. So Croch' ist der Erfolg von alldem, was ich an deiner Seite gelernt habe. VIELEN DANK.
Christophe, meine Stütze und mein erster Fan, dieses Buch ist von mir, aber ein wenig auch von uns beiden. Danke, dass du immer etwas mehr als ich selbst an mich und meine Projekte glaubst, auch an die verrücktesten!
Vielen Dank an meine Eltern, Brüder und Schwägerinnen, für eure ständige Unterstützung und Begeisterung.
Valentine, mein liebster Cheerleader, vielen Dank, dass du immer meine rosa Brille und das Ohr meiner Laune bist.
Sandrine Laprade (die Kreative aus Besancon) und Isabelle Kessedjian, von ganzem Herzen Danke für eure Hilfe, eure Großzügigkeit und unser gemeinsames Lachen!
Wenn es zwei Menschen gibt, ohne die dieses Buch nicht entstanden wäre, dann seid ihr es!
Dem Team von Pop & Folk: Zusammen ist man stärker. Das kreative Abenteuer wäre ohne euch nicht so schön gewesen.
Danke schließlich an alle, die das Buch in den Händen halten, ich kann es kaum erwarten, Ihre Projekte zu sehen!

Teilen Sie Fotos Ihrer Häkelarbeiten auf den sozialen Netzwerken unter **#adorableanimauxaucrochet**!
Ich freue mich,
Ihre Arbeiten zu sehen!

Bleiben Sie in Kontakt und besuchen Sie So Croch:
www.socroch.fr
www.instagram.com/socroch
www.facebook.com/socroch

## IMPRESSUM

Bibliografische Information der Deutschen Bibliothek.

Die Deutsche Bibliothek verzeichnet diese Publikation in der Deutschen Nationalbibliografie. Detaillierte bibliografische Daten sind im Internet über http://www.dnb.de/ abrufbar.

Alle in diesem Buch veröffentlichten Abbildungen sind urheberrechtlich geschützt und dürfen nur mit ausdrücklicher schriftlicher Genehmigung des Verlags gewerblich genutzt werden. Eine Vervielfältigung oder Verbreitung der Inhalte des Buchs ist untersagt und wird zivil- und strafrechtlich verfolgt. Das gilt insbesondere für Vervielfältigungen, Übersetzungen, Mikroverfilmungen und die Einspeicherung und Verarbeitung in elektronischen Systemen.

Die im Buch veröffentlichten Aussagen und Ratschläge wurden von Verfasser und Verlag sorgfältig erarbeitet und geprüft. Eine Garantie für das Gelingen kann jedoch nicht übernommen werden, ebenso ist die Haftung des Verfassers bzw. des Verlags und seiner Beauftragten für Personen-, Sach- und Vermögensschäden ausgeschlossen.

Bei der Verwendung im Unterricht ist auf dieses Buch hinzuweisen.

EIN BUCH DER EDITION MICHAEL FISCHER

1. Auflage 2019

Alle Rechte der deutschsprachigen Ausgabe bei
© 2019 Edition Michael Fischer GmbH, Donnersbergstr. 7, 86859 Igling
© First published in French by Mango, Paris, France - 2019

Titel der Originalausgabe: Adorables Animaux

Aus dem Französischen übertragen von Dr. Katrin Korch

ISBN 978-3-96093-209-3

Gedruckt bei Polygraf Print, Čapajevova 44, 08001 Prešov, Slowakei

www.emf-verlag.de